Die schönsten Bauernhöfe in Tirol

Die schönsten Bauernhöfe in Tirol

Nordtirol · Osttirol · Südtirol

Alfred Pohler

Tyrolia-Verlag · Innsbruck-Wien
Verlagsanstalt Athesia · Bozen

Geleitwort

Das Buch führt uns durch Talschaften von Nord-, Süd- und Osttirol, deren Hauslandschaften von jeweils unterschiedlichen Grundkräften mitgestaltet sind: vom mehr alemannischen Außerfern, über das bairisch geprägte Unterinntal und die Täler Ladiniens, wo wieder andere Kräfte formend wirksam waren.

Seit etwa hundertfünfzig Jahren bemüht sich die wissenschaftliche Hausforschung, die landschaftlichen Unterschiede von Haus und Hof in Gefüge und Form aufzuzeigen. In Tirol taten dies sehr verdienstvoll Hermann Wopfner, Karl Ilg, Martin Rudolph-Greiffenberg, Hans Gschnitzer und andere mehr.

Während die Hausforscher vor einem Menschenalter noch so gut wie aus dem Vollen schöpfen konnten, ist mittlerweile der Bestand, der die bäuerliche Identität unserer Siedlungslandschaft zum Ausdruck bringen könnte, ziemlich dünn geworden. Der rasche kulturelle Wandel der heutigen Zeit bringt es auch mit sich, die von der Hausforschung aufgezeigten Kulturgrenzen zu verwischen oder ganz aufzulösen. Es werden, mit dem Hinweis auf wirtschaftliche Zwänge, so viele charakterlose Bauten in die Landschaft gestellt und die althergebrachten Formen verdrängt. Immerhin, in den Tiroler Tälern zu beiden Seiten des Alpenhauptkammes haben sich doch noch Bauernhöfe erhalten, an denen die Zeit zwar nicht vorübergegangen ist, die aber ihre wesenhafte Form bewahren konnten. Aber gemessen am einstigen Reichtum sind es so viele auch nicht.

Ein Bildband über Tiroler Bauernhöfe ist in erster Linie dazu angetan, gediegene, in der Tradition stehende Architektur in unverwechselbarer Kulturlandschaft vorzustellen und damit zugleich den Sinn der längst dahingegangenen Erbauer für Harmonie zwischen Natur und Menschenwerk zu würdigen.

Die Bilder lassen sodann auch etwas von der Lebensweise, dem Wohnen und Arbeiten der Menschen erahnen. Ohne die vergangene Zeit und das Bauerndasein sentimental zu verklären, gilt es aufzuzeigen, dass die Höfe und Häuser, die nach so gut wie allgemeinem Verständnis für schön und gediegen gelten, einen auch für die Besitzer mehr als nur ideellen und in Zukunft nicht abnehmenden, sondern wachsenden Wert darstellen.

Das Bergbauernleben ist mit Opfern verbunden, dessen ist sich die Allgemeinheit bewusst; diese „Opfer" nicht nur dankend zu betrachten, sondern auch wirtschaftlich auszugleichen, sollte ein wachsendes öffentliches Anliegen sein. Dann lässt sich so manche alte Bauform in neue Zeiten hinüberretten und werden unsere Dörfer und Weiler ihr vertrautes heimatliches Gesicht behalten.

Der Bildband ist Lob und Anerkennung für jene, die das hier Gezeigte oder ähnliche Bauwerke ihr Eigen nennen und bewahren. Darüber hinaus will er die Augen öffnen und Verständnis und Freude wecken. Beim Blättern und Schauen in diesem Buch lässt sich eine leise Melancholie nicht unterdrücken, und es drängt sich der Vergleich mit einer Ährenlese auf, was auch in den Versen Clemens Brentanos ausgedrückt ist:

„... Und ist das Feld einst abgemäht,
die Armut durch die Stoppeln geht,
sucht Ähren, die geblieben."

Dr. Hans Grießmair
Brixen, im Sommer 2007

Der Ebnerhof im Ortsteil Stangl der Gemeinde Going am Wilden Kaiser.
Abgebildet im August 1985

Inhalt

Vorwort	8
Das Leben am Bauernhof und seine Geschichte	10
Hofformen	13
Der Haufenhof	13
Der Paarhof	13
Der Zwiehof	14
Der Einhof	15
Romanisches Haus	16
Gotisches Haus	20
Stubenkultur und Heizeinrichtungen	21
Erläuterung der Fachausdrücke	23
Bildteil	29
Übersichtskarte über Nord-, Ost- und Südtirol	158

St. Veit hoch über dem Defereggental in Osttirol.
Abgebildet im Juni 1982

Vorwort

Das Land Tirol ist untrennbar mit dem Leben und Wirken der Bergbauern verknüpft. Vor allem sind es die Bauernhöfe und Almen, die nicht nur die Landschaft verändert, sondern ihr auch ein so faszinierendes Gepräge verliehen haben.

Selbstverständlich geschah dies auf verschiedene, individuelle Weise, den wirtschaftlichen Bedürfnissen entsprechend und angepasst an die gebietsspezifischen Gegebenheiten. So hat fast jede Talschaft ihr eigenes, unverwechselbares Gesicht.

Die Bauernhöfe strahlen trotz ihrer frappierenden Einfachheit und unübertroffenen Zweckmäßigkeit natürliche Schönheit aus und gliedern sich, meist wohlproportioniert und stabil gebaut, harmonisch in die Landschaft ein. Viele dieser Höfe sind von großem architektonischen und kunsthistorischen Wert, ob sie nun ganz aus Holz, in gemischter Bauweise oder durchwegs aus Stein und Mauerwerk erbaut wurden.

Die Schönheit und Vielfalt der Bauernhofkultur zu dokumentieren ist ein Ziel dieses Buches. Dabei geht es aber nicht allein um die Ästhetik und den architektonischen Wert der Hausfassaden, sondern auch darum, zu zeigen, wie die Menschen auf diesen Höfen leben, wohnen und arbeiten. Beim Nähertreten finden sich einfache, nahezu archaische Behausungen ebenso wie kunstsinnig gestaltete Höfe und Stuben, die auch von einem gewissen Wohlstand ihrer Bewohner zeugen. Sehenswerte Besonderheiten in Haus und Hof, Raritäten und Kuriositäten fanden bei der Bildauswahl besondere Beachtung.

Die in diesem Bildband zusammengefassten Aufnahmen sind in einem Zeitraum von mehr als dreißig Jahren entstanden. Vieles hat sich seither verändert, und die unaufhaltsame Modernisierung der Bauernhöfe ging nicht immer ohne unschöne Begleiterscheinungen ab. Inzwischen zeichnet sich auch hier ein gewisses Umdenken ab und man geht bei allen notwendigen Schritten der Sanierung, die nicht zuletzt die Lebensqualität der Bewohner verbessern sollen, mit größerer Sensibilität und Umsicht vor. Diese Sensibilität und Achtung der Tradition gegenüber zu fördern ist ebenfalls ein Anliegen dieses Buches.

Eine wertvolle Bereicherung waren die vielen Begegnungen und Gespräche mit den Menschen vor Ort, denen ich viele, teils erstaunliche Informationen zu den Bildern verdanke. Alle diese Menschen spiegelten nicht nur eine positive Einstellung zu der ihnen vom Schöpfer zugeordneten Lebensaufgabe wider, sondern auch eine tiefe Verbundenheit mit der Natur. Ihre großartigen Kulturleistungen zu würdigen, mag die vornehmste Aufgabe dieses Bildbandes sein.

Alfred Pohler
Pflach, im Sommer 2007

Prachtvolles bäuerliches Anwesen in der Gemeinde Pertisau am Achensee. Der Hof wurde in gemischter Bauweise errichtet, mit umlaufender Laube und Giebellaube. Das Schindeldach ist mit Bruchsteinen beschwert und zeigt einen außergewöhnlich geformten Glockenturm am First.

Das Leben am Bauernhof und seine Geschichte

Will man einen tieferen Einblick in das Geschehen am Bauernhof gewinnen, so ist es sinnvoll, die bäuerlichen Anwesen zu unterteilen, und zwar in solche der Berglandschaften und jene der Niederungen oder Talbereiche.

Wenden wir uns nun zunächst den so genannten Bergbauern zu. Diese Menschen mussten unter großen Mühen den weniger fruchtbaren Hochlagen das Lebensnotwendige abtrotzen. Die Besiedelung dieser extremen Lebensräume schuf völlig andere Voraussetzungen für das Leben und Arbeiten der Bauern. Die Hanglage und die Bodenbeschaffenheit setzten die Bedingungen für die Behausungen, wobei möglichst sparsam mit dem wenigen und daher besonders wertvollen Kulturgrund umgegangen werden musste. Unter diesen Gesichtspunkten entstanden viele Baulichkeiten auf unfruchtbarem, kleinstem Grund, sozusagen „im Hochformat", wobei das Wirtschaftsgebäude meistens parallel zu den Wohngebäuden angeordnet wurde. Diese Hofform wird als Paarhof bezeichnet.

Natürlich war die Besiedelung der Hochlagen ein gewisses Wagnis und von vornherein schon mit Risiken und Nachteilen verbunden. Denken wir nur an Abgeschiedenheit, die langen Winter, die extremen Witterungseinflüsse, an Lawinen und Muren.

Urhof Creppa in Gröden – ein typischer Paarhof

Einhof in Holzbauweise

Das sind alles Faktoren, die bereits aufzeigen, dass das Leben am Bergbauernhof anders zu bemessen ist als das der Bauern in den Talbereichen.

Die Menschen wussten jedoch sehr bald die Besonderheiten des vorgefundenen Geländes zu nutzen. Das Leben in den höheren Regionen förderte den Erfindergeist und verlieh der Schaffenskraft beachtlichen Ansporn. Für viele der entlegenen Berghöfe ist heute noch die Almwirtschaft, geringfügig auch Ackerbau, die wirtschaftliche Lebensgrundlage.

Die Struktur des bergbäuerlichen Wohngebäudes ist weitgehend auf Zweckmäßigkeit ausgerichtet und meist von großer Schlichtheit. Komfort ist dort so gut wie keiner vorhanden.

Grundlegend anders spielt sich das Leben der Bauern auf den Höfen in den Tallagen ab. Hier stand von vornherein Platz und günstiges Gelände zur Verfügung. Anstelle des Paarhofes, der sich im Bergland als zweckmäßig erwiesen hat, entstanden mächtige, langgezogene Einhöfe in gemauerter, gemischter oder in Holzbauweise.

Entwicklungsgeschichtlich ist der Einhof wohl die jüngste und auch letzte Entwicklungsstufe bei den Gehöftformen im alpinen Raum. Unter diesen Einhöfen wiederum werden längs- und quergeteilte Formen sowie die unterschiedlichsten Variationen unterschieden. Charakteristisch ist bei den primären, quergeteilten Einhoftypen die Zweiteilung entsprechend der Firstlinie.

Getrennt durch eine Mittertenne befindet sich der Wohnteil auf einer Seite und auf der anderen der Wirtschaftstrakt. Die Giebelfront wird von einem Rundbogentor mit kleiner Gehtüre beherrscht, welches die Mittertenne begehbar abschließt.

Weiter verbreitet ist in Tirol der sekundäre, längsgeteilte Einhof. Bei diesem Haustyp sind

Einhof – Einfirsthof (in Steinbauweise)

Wohn- und Wirtschaftstrakt hintereinander unter einem firstgleichen Dach positioniert. Kleinbauwerke wie z. B. Getreidespeicher, Backöfen, Kapellen, Bad- oder Brechelstuben und dergleichen sind beim Einhof wie beim Paarhof etwas abseits freistehend platziert. Sowohl die längs- wie auch die quergeteilten Einhöfe können beachtliche Baulängen erreichen, daher sind sie für die Berglandschaft nicht besonders gut geeignet, jedoch für Talbereiche mit viel Platz geradezu prädestiniert.

Viele dieser Einhöfe wurden durch mannigfaltige Schmuckelemente an den Fassaden und im Innern äußerst ästhetisch gestaltet. So entstanden viele stattliche Hofanlagen, mitunter sogar imponierende reich verzierte „Bauernpaläste". Auf diesen Höfen war genügend Raum, der angenehmen Komfort erlaubte.

Aus dieser ersten groben Übersicht über die bäuerlichen Hofformen ist leicht zu erkennen, dass bis heute noch große Unterschiede zwischen Bergbauernhöfen und Höfen der Tallandschaften bestehen, die auch das Leben der Bewohner nach wie vor beeinflussen. Während die Bergbauern mancherorts noch unter Mühsal und Entbehrungen ihr einfaches, bescheidenes Leben führen, können viele Bauern in den Talbereichen eine wesentlich höhere Wohnkultur aufweisen, die sich natürlich auch in merklich gesteigerter Lebensqualität äußert.

Hofformen

Der Haufenhof

Der geschichtlichen Hausforschung gemäß dürfte der Haufenhof die urtümlichste Form einer Hofanlage sein. Bei diesem Typus stehen auf geeignetem Standort das Wohngebäude, ein Wirtschaftsgebäude und mehrere Kleinbauwerke in lockerer Gruppe, ohne bestimmte Ordnung und zudem vom Gelände mit beeinflusst, beieinander. Die ursprünglichen einzelnen Kleinbauwerke waren einräumig und dienten nur bestimmten Zwecken.

Der Hauptnachteil dieser Hofform liegt in den oftmals weiten Abständen der Wirtschaftsbaulichkeiten zueinander, wodurch die Arbeitsabläufe nicht immer ökonomisch gestaltet werden konnten und was vor allem bei Regen oder im Winter das Arbeiten sehr erschwerte. Aus solchen und anderen bautechnischen Gründen wurden bei Haufenhöfen jüngeren Datums die Bauwerke zweckmäßig geordnet und möglichst zusammengefasst; anstelle der zahlreichen Einzweckbauwerke wurden Mehrzweckgebäude errichtet. Als Folge der Bestrebungen, die Funktionalität zu verbessern wie auch den Wärmehaushalt besser unter Kontrolle zu bringen, entstanden der Paarhof und später der Einhof. Haufenhöfe im engeren Sinn sind heute keine mehr zu finden.

Der Paarhof

Entwicklungsgeschichte
Aus den urtümlichen Hofformen, vor allem aus dem Haufenhof, entwickelte sich noch vor dem Einhof

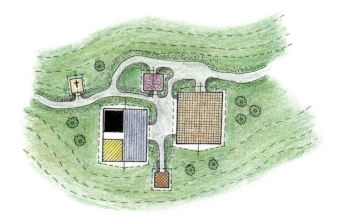

Legende zu den Skizzen:
- Mistablage
- Wohngebäude
- Stall und Scheune
- Backofen
- Speicher
- Gemüsegarten
- Hauskirche
- Brechelstube
- Getreidemühle
- Küche
- Stube

der Paarhof. Beispiele aus verschiedenen Gebieten: romanischer Berghof in Südtirol, Kleinbauernhöfe in den Hochlagen Nordtirols und Gehöfte aus der Walser Besiedelungszeit in Vorarlberg.

Bauformen

Wohn- und Wirtschaftsgebäude sind annähernd gleich groß und stehen mit etwas Abstand nebeneinander oder dem Gelände entsprechend versetzt zueinander. In Hochlagen, wo lange Schnee liegt, finden sich auch Höfe, in denen das Wirtschaftsgebäude wegen der größeren zu lagernden Heumenge deutlich größer als das Wohnhaus ist.

Anpassung an das Gelände

Der Paarhof mit kurzer Baulänge der Gebäude ist gut geeignet für Standorte im steilen Gelände. Spezielle Typen mit hohem Fundament ermöglichen auch Hangausgleich am Steilhang. Die Giebelrichtung befindet sich durchwegs in der Falllinie des Hanges.

Nebengebäude und Anordnung am Standort

Betriebswirtschaftlich wichtige Kleinbauwerke wie frei stehende Backöfen, Getreidespeicher, Hausmühlen, Wasserbrunnen u. dgl. sind im Paarhofbereich so positioniert, dass die Verbindungswege kurz und bequem sind und der betriebliche Ablauf auch bei schlechter Witterung gewährleistet ist. Gebietsweise werden diese Kleinbauwerke durch Dörrhaus, Bad, Wagenremise und Hauskapelle ergänzt.

Bauweise und Ausführung

Paarhöfe des Alpenraumes können in den unterschiedlichsten Ausführungen beobachtet werden. Gebietsweise dominieren Paarhöfe in reiner Holzbauweise, dann wieder solche in gemischter Bauweise und nicht zuletzt Anlagen mit Wohnhaus in gemauerter Ausführung und Wirtschaftsgebäude in Holzbauweise.

Bauweise und Verbreitung im behandelten Alpenraum

Paarhöfe in reiner Holzbauweise sind in den Regionen Vorarlbergs – Bregenzerwald, Walsertäler und Montafon – verbreitet sowie in Nord-, Ost- und Südtirol. In den erwähnten Gebieten finden sich auch Mischbauweisen mit Wohngebäuden in gemauerten Ausführungen oder reine Steinbauwerke sowie vereinzelt Sonderausführungen.

Struktur und Raumaufteilung im Wohngebäude

Kellergeschoß mit Vorratskellern, von innen oder außen zugänglich. Erdgeschoß mit Zugang bergseitig oder traufseitig zum Hausgang oder zur Labe. Raumaufteilung: Küche, Stube, meistens zwei Kammern.

Bei etlichen Höfen befinden sich Küche und Stube bergseitig, später wurde die Stube auf die sonnige Talseite verlegt. Obergeschoß mit zwei bis vier Kammern, je nach Baugröße.

Äußere Merkmale und Besonderheiten

Baulichkeiten mit geringeren Ausmaßen, oftmals mit hohem Fundament, das auch zum Hangausgleich dienen kann.

Bei traufseitigen Eingängen Freitreppe, teilweise auch Eingang traufseitig mit Vorlaube und Erkerbackofen sowie Laubengang. Schwach geneigtes Satteldach mit Schindel- oder Harteindeckung. Gebietsspezifisch im talseitigen Giebelbereich Solarium (die Urform des Söllers) mit dahinterliegendem Arbeitsraum. Lage am Standort durchwegs mit Firstrichtung in Falllinie zum Tal.

Der Zwiehof

Diese Hofform ist als Übergangsform vom Paarhof zum Einhof zu betrachten.

So stehen beim Zwiehof das Wirtschaftsgebäude und das Wohngebäude in der Regel parallel nebeneinander sowie dem Standort oder der Hanglage entsprechend mit der Giebelseite zur Falllinie. Im Verlaufe der Weiterentwicklung rückten Wohn- und Wirtschaftsgebäude immer näher zusammen, bis letztendlich eine gemeinsame Zwischenwand aus-

reichte. Wo eine Korrektur erforderlich war, wurde eines der Gebäude in der Höhe angeglichen und schließlich unter Drehung des Daches um 90 Grad zu einem Einhof mit gemeinsamem Dach umgestaltet. Auch beim Zwiehof befinden sich verschiedene Kleinbauwerke, wie z. B. Getreidespeicher, Backofen, Brechelstube und Hauskapelle, freistehend und immer etwas abseits der Hauptgebäude. Der Hauptgrund dafür ist die Feuergefahr, die auch vom Backofen ausgeht. Lebensmittel, Bekleidung, Getreide und anderes Überlebenswichtiges sollten dadurch geschützt werden. Die Verbindungswege zwischen den einzelnen Bauwerken sind gegenüber dem älteren Haufenhof wesentlich kürzer. Entwicklungsgeschichtlich steht der Zwiehof somit zwischen dem Haufenhof und dem meist jüngeren Einhof.

Der Einhof

Entwicklungsgeschichte
Der Einhof ist offenbar die jüngste Entwicklungsstufe der alpinen Gehöfte. Vielfach wurden ursprünglich getrennte Wohn- und Wirtschaftsgebäude unter einem Dach vereinigt.

Primäre und sekundäre Hofformen
Charakteristische primäre Einhoftypen – Mittertennhof mit Wohn- und Wirtschaftstrakt nebeneinandergebaut unter einem First. Giebelseitig erschlossene Mittertenne, meist mit großem Rundbogentor, verläuft in Firstflucht.

Bei den sekundären Hofformen liegen Wohn- und Wirtschaftsteil hintereinander unter einem profilgleichen Dach. Dadurch langgezogene Bauform.

Eine Besonderheit sind Einfirsthöfe, in denen Wohn- und Wirtschaftsteil auch hintereinander liegen, aber mit verschieden hohen Dächern verbunden sind.

Gehöfttyp und Gelände
Der Einhof ist wegen seiner Längenausdehnung nur für Tallandschaften geeignet oder in sanfterem Gelände quer zum Hang gestellt.

Bauweise und Ausführung
Einhöfe des Alpenraumes sind sowohl gänzlich in Holzausführung als auch in gemauerter oder gemischter Bauweise zu beobachten.

Bauweise und Verbreitung im behandelten Alpenraum
Einhöfe in Holzbauweise und solche in Mischbauweise finden sich vorwiegend in den nordöstlichen Gebieten Tirols, Mittertennhöfe bevorzugt im Raume um Innsbruck. Gemauerte Einhöfe und solche in Mischbauweise im Oberinntal, Außerfern und im südlichen Bayern.

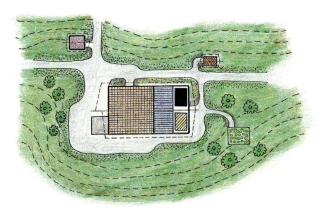

Raumaufteilung im Wohnteil
In Firstrichtung laufender Hausgang mit Verbindung zum Wirtschaftstrakt und Stiegenaufgang zum Obergeschoß.
Erdgeschoß: Küche mit Speise, Stube, zwei bis vier Kammern.
Obergeschoß: gute Stube, Stubenkammer, Schlafkammern.

Besondere äußere Merkmale
Unterschiedliche Neigung der Satteldächer, sowohl Schindel- als auch Harteindeckung. Über drei Seiten laufende Balkone mit verzierten Brüstungen. Giebellaube, oftmals in Verbindung mit Arbeitsraum im Giebelbereich. Aufwändig gestaltete und häufig bemalte Windläden und Vordächer. Mannigfaltig geformte und teilweise dekorativ bemalte Mittagsglockentürme am First.

Romanisches Haus

Typische Kennzeichen der Bergbauernhöfe aus der romanischen Bauzeit um 1200:

- Hohes Untergeschoß, aus Steinquadern errichtet. Sehr starkes Steinmauerwerk, unverputzt. Mauerecken mit langen, steinmetzmäßig bearbeiteten Steinquadern – wechsellagig. Mauerwerk kleinere Steinquader in horizontalen Lagen in Mörtelbett versetzt.
- Das Untergeschoß besteht meistens nur mit einem ungeteilten Raum, der als Vorratsraum dient. Schmale schartenartige Fenster in Steinrahmung. Sichtbare Tramdecke aus gehackten Lärchenstämmen, mit Unterstützbalken und stehender Holzsäule, die öfters noch zierlich bearbeitet sein kann.

Bergbauernhof aus der romanischen Bauzeit (Pilzform)

Gemauerter Bergbauernhof aus der gotischen Bauzeit

- Der Zugang zum Untergeschoß befindet sich meistens talseitig, durch eine Rundbogentüre gelangt man in einen schmalen, gewölbten Gang, der meistens abgewinkelt ist. Diese der Sicherheit dienende Eingangsschleuse wird als „rätische Ganganlage" bezeichnet.
- Türen im Untergeschoß: Romanische Rundbogentüren mit unverputztem Steingewände. Bogenausführung mit länglichen Keilsteinen oder mit bearbeiteten Bogensteinen und Kämpfersteinen. Seitliche Umgrenzung der Fenster und Türen (Gewände) ohne Abschrägung (Fase), größtenteils scharfkantig.
- Hauptgeschoß in Block- oder Bohlenständerbauweise gezimmert. Bogentüren in den Zwischenwänden aus Holz. Gemauerte Küchen sind aus Sicherheitsgründen erst bei späteren Bauwerken oder als Ergänzung entstanden.
- Freitreppe als Zugang zum Hauptgeschoß. Eingang an der bergseitigen Giebelfront, je nach Lage am Berghang, über wenige Stufen vor der Haustüre. Bei traufseitigen Eingängen über hohe Freitreppe.
- Vorkragende Holzkonstruktion: Die auf drei Seiten vorkragende Holzkonstruktion gibt dem Bauwerk die Pilzform. Gemauertes Untergeschoß mit weit vorkragendem Obergeschoß aus Holz, in dem Küche, Kammern und das Solarium, die Urform des Söllers, untergebracht sind.
- Raumaufteilung des Wohnbereichs: Größtenteils durchgehende breite Labe, daneben Küche, Stube und zwei bis vier Kammern. Stube und Küche an der Bergseite, erst bei späteren Weiterentwicklungen Stube an die Talseite verlegt.
- Beheizbare Stube: Raum mit gewölbter Balkendecke, spätere Weiterentwicklung zur gewölbten Bohlenbalkendecke.
- Flaches Satteldach mit Schindeleindeckung: Dachneigung ca. 18 bis 20 Grad, Firstpfette auf Säulen.

Haus in Pilzform – Wohngebäude

Bergseite

Erdgeschoß

Obergeschoß

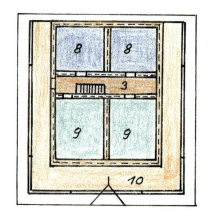

2. Obergeschoß Holzkonstruktion

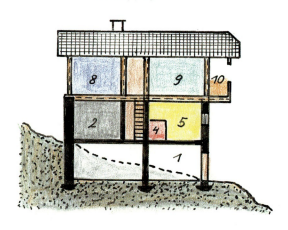

Schnitt

1	Keller	5	Stube	9	Schlafzimmer
2	Küche	6	Kammer	10	Söller
3	Labe	7	Speisenkammer		
4	Ofen	8	Kammer		

Wirtschaftsgebäude

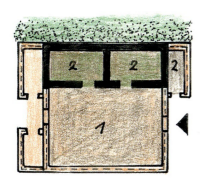
Erdgeschoß

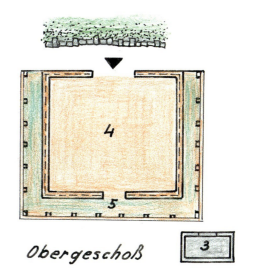
Obergeschoß

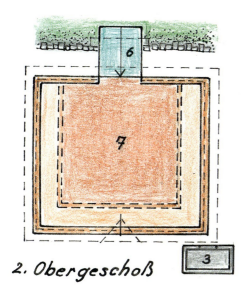
2. Obergeschoß

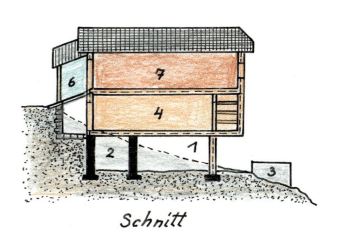
Schnitt

1	Hauptstall	5	Söller
2	Kleinstall	6	Stadelbrücke
3	Mistablage	7	Tenne
4	Stadel		

Gotisches Haus

Charakteristische Merkmale der Bergbauernhöfe aus der gotischen Zeit, ca. 1400–1550:

- Eindeutiger klarer Baukörper in kubischer Form: Gemauerte Ausführung in Unter- und Hauptgeschoß gegliedert, durch Holzkonstruktionen ergänzt.
- Gotische Mauer- und Steinmetztechnik: Lange, behauene Steinquader an den Hausecken. Übriges Mauerwerk unregelmäßig geschichtet, Steinmetzarbeiten an Kanten, Konsolen, Türgewänden mit Spitzbogen und abgefasten Rundbogen sowie Fenstergewänden und Treppenbrüstungen.
- Wohnbereich im hochgezogenen Hauptgeschoß: Bei frühesten Ausführungen Innenwände noch aus Holz, später komplette Mauerausführung, Labe

Hof aus der gotischen Bauzeit

und Küche meistens mit Tonnen- oder Kreuzgewölbe.
- Untergeschoß mit Vorratskellern und Gewölben: Unterteilung in mehrere Lagerräume, vorwiegend verputztes Steingewölbe, meistens ebenerdiger Eingang in einem zentral gelegenen Vorraum.
- Freitreppe zur Vorlaube: Ausgeprägte gemauerte Freitreppe zur Vorlaube mit überdachtem Sitzplatz, meistens giebelseitig.
- Struktur der Wohnung: Geräumige, durchgehende Labe, seltener Eck- oder Mittellabe, Position der Stube an der talseitigen, sonnigen Hausecke und Verbindung zur Stubenkammer.
- Gezimmerte Stuben und Täfelung durch Maßwerk verziert; Werke hoch entwickelter, alpiner Holzbauarchitektur. Herausragende Stubenkultur mit kunstvollen Arbeiten der Zimmerleute, die kostbare Bohlenstuben und Stabbau-Stuben zimmerten und diese durch Maßwerkvertäfelungen bereicherten.
- Mauerfronten asymmetrisch gestaltet. Verhältnismäßig dicke Mauern mit asymmetrisch gesetzten Fenstern, tiefe Laibungen und Fensterpositionen unterschiedlich angeordnet.
- Weiterentwickelte Bauwerke mit Oberstock und Söller in Holzbauweise. In der Spätgotik Bauform mit gezimmertem Oberstock, der Kammern und Söller aufweist.
- Satteldach mit eher flacher Neigung und Schindeleindeckung. Pfettenkonstruktion mit Mittel- und Firstpfette auf Säulen. Satteldach zwischen 18 und 20 Grad Neigung. Meistens einfache Bohlenverkleidung, aber auch kunstvoll gezimmertes Bohlenständerwerk oder bis zum First ausgemauert.

Stubenkultur und Heizeinrichtungen

Ursprünglich war der Herdraum mit dem offenen Feuer in der Grube der einzige Raum im Haus, der zum Kochen, Essen und wegen der Wärme zum Aufenthalt für die Bewohner geeignet war. Erst später wurde anstelle der Feuergrube ein Gebilde erstellt, das untermauert und von einer Holzbalken- oder Steineinfassung umgeben war, auf dem nun die Glutgrube Platz fand und das Feuer vom Boden abgehoben war.

Dieser Mehrzweckraum wies natürlich auch Nachteile für die Bewohner auf, wozu besonders der Rauch des Feuers, der Rußniederschlag, aber auch mangelhafte Erwärmung und Zug infolge des Rauchabzuges zählten.

Solche Faktoren waren ausschlaggebend, dass die Küche in der weiteren Entwicklung primär als Wirtschaftsraum genutzt und ein eigener Raum für den Aufenthalt der Menschen vorgesehen wurde.

Rauchhaus ohne Kamin mit offener Feuerstelle und Funkenkutte

Diese Stube war von Anfang an rauchfrei, warm und behaglich, weil außer einer Durchreiche keine direkte Verbindung zwischen Küche und Stube bestand. Allmählich wurde dann die Stube immer größer und erlangte durch den gemauerten, geschlossenen Ofen sowie den Essplatz mit großem Tisch und Eckbank im Herrgottswinkel immer mehr an Bedeutung. Die zunächst sehr einfache Stubenausstattung erfuhr im Lauf der Zeit immer mehr Ergänzungen, wie z. B. durch Kästen, Standuhren, Truhen, Gutsche (kleines Kanapee). Dadurch wurde die Stube zum zentralen Lebensraum am Bauernhof.

Die ursprüngliche Feuergrube in der Küche wurde allmählich durch den offenen, erhöhten Herd mit offener Feuerstelle ersetzt, auf der mittels Dreifuß auch gekocht wurde. Funkenhut und Rauchkutte dienen dabei dem Rauchabzug, erlaubten aber dennoch das Räuchern von Fleisch und Würsten an der Küchendecke. Zuletzt erhielten die eingefassten Feuerstellen gusseiserne Abdeckungen und auch Abzugrohre, sodass sie gebietsweise die Funktion eines Tischherdes übernahmen.

Öfen waren am Bauernhof in den verschiedensten Formen und Funktionen vorhanden: Stubenöfen, mit vom Hausgang oder der Küche ausgehender Beschickung, als rauchfreie Wärmequelle für die Stube; Brotbacköfen als Erkerbacköfen außen an der Fassade positioniert, mit Beschickung von der Küche aus oder als frei stehende Backöfen in gemauerter Ausführung mit Pult- oder Satteldach, die aus Gründen der Brandgefahr immer etwas abseits vom Wohn- und Wirtschaftsgebäude errichtet wurden.

Bei den Stubenöfen, die vor allem der Wärmespeicherung dienten, wurden je nach Gebiet verschiedene Formen und Ausstattungen bevorzugt. Von gemauerten und teilweise gekachelten Öfen bis hin zu Öfen mit kostbaren, handgearbeiteten Kacheln in dekorativen Farben und Formen sind alle Varianten zu finden. Diese Öfen sind oft kubische, oben flache Gebilde, auf denen die Bewohner auch liegen können. Teils sind sie auch zum Brotbacken geeignet.

Eine Besonderheit sind die so genannten Heizwände: Oftmals mit kunstvoll gefertigten Kacheln ausgestattete Wandbereiche in Ofennähe, die als zusätzlicher Wärmespender dienen. Heizwände haben in der Regel keine eigene Heizeinrichtung, weil sie dem Wärmekreislauf des Ofens angeschlossen sind. Genauso haben auch die Heizbänke nur in den seltensten Fällen eine eigene Heizeinrichtung. Sie sind meist am Ofen angeschlossen und dienen zum Sitzen oder Liegen. Heizbänke wie auch Heizwände sind zweckmäßige, zusätzliche Wärmespender und praktische Bereicherungen der Wohnraumausstattungen, die zudem meistens noch farblich mit den Einrichtungen harmonieren.

Erläuterung der Fachausdrücke

Bohlenbalkendecke
Deckenkonstruktion, meistens tonnenartig gewölbt, aus Holzbohlen, die zwischen Balken eingefügt sind, wobei die Balken oftmals dekorativ beschnitzt sein können.

Bohlenständerbau
Sonderform des Ständerbaus. Hier bestehen die Wandfüllungen durchwegs aus liegenden, aufeinandergeschichteten Bohlen, die in die senkrecht stehenden Eckständer und Zwischensäulen eingenutet sind.

Brechelkammer
Arbeitsraum zur Flachsbearbeitung.

Breitbeil
Wie der Name schon sagt, besonders breites Beil mit leicht schräg abstehendem Stiel, das zum Behauen von Holzblöcken gut geeignet ist. Zimmerleute verwenden linke oder rechte Breitbeile, je nachdem, ob sie Rechts- oder Linkshänder sind.

Brotgrammel
Vorrichtung zum Zerkleinern von Hartbrot. Brett in handlicher Größe mit Umrandung und einseitiger Abdeckung sowie Spezialmesser, das mit einem Ende beweglich an der Randmitte befestigt ist. Auch Brotgrumbel genannt.

Brotrechen
Filigranes Holzgestell, an der Decke oder Wand hängend, zur mäusesicheren Lagerung der auf Vorrat gebackenen Brote.

Brüstung
Balustrade, Geländer aus Querhölzern und vertikal angeordneten Elementen, die oftmals fantasievoll gestaltet und koloriert sein können.

Dengelstock
Bockartiges Holzgestell, zum Sitzen geeignet, mit kleinem Amboss, auf dem Sensen und Sicheln durch Hämmern mit der Hand geschärft werden.

Dreifuß
Einfache Hilfsvorrichtung zum Aufnehmen eines schweren Rückenkorbes, bestehend aus drei Holzlatten, die an einer Stirnseite beweglich verbunden sind und wie ein Stativ aufgestellt werden können.

Dreipassbogen
Dekorative Zierelemente in Dreiecksteilung, die in der Holzbau- und in der Steinmetzkunst Anwendung finden und auch Maßwerk genannt werden.

Dunglage
Zur Lagerung von Stallmist (Dung) eigens vorgesehener Platz außerhalb des Bauernhofes. Dieser ist oftmals eingefasst und zum Ab- oder Aufladen von Dung vorteilhaft ausgestattet.

Durchreiche
Verschließbare Öffnung in der Wand zwischen Küche und Stube zum Durchreichen von Speisen. Bei Heizwänden auch zum Warmhalten von Speisen.

Einhof
Bauernhof, bei dem Wohn- und Wirtschaftsgebäude hintereinander zusammengebaut und unter einem Dach vereint sind.

Erkerbackofen
Brotbackofen, meist in kubischer, oben gewölbter Form aus dem Mauerwerk der Gebäude austretend. Derartige Backöfen werden fast immer vom Hausinneren aus betrieben und sind wegen des Gewichtes außen unterstützt.

Firstglockentürme

Am Dachfirst der Bauernhöfe angebrachte, besonders elegante Gebilde aus Holz, die zwei- bis achtarmig ausgeführt sein können. Ihre Ausmaße sind den Hofgrößen entsprechend angepasst, unterscheiden sich jedoch gebietsweise in der Bauform und am Aufwand der Zierelemente. Die Betätigung der Glocke erfolgt über einen Schnurzug vom Hausflur aus. Durch die Glocken wird u. a. zur Brotzeit oder zum Mittagessen gerufen.

Funkenhut

Über der offenen Feuerstelle von der Decke hängende, flach gewölbte Haube aus Blech. Die vom Feuer aufsteigenden Funken prallen auf diesen Schutz und fallen zurück herunter. Der Rauch wird unter das Dach umgeleitet und kann durch die Dachschindeln entweichen.

Rätische Ganganlage

Abgewinkelter gemauerter Zugang zu einem Schutzraum im Kellerfundament. Derartige Anlagen boten den Bewohnern Schutz vor Überfällen und Brandstiftern.

Gatter

Halbhohes gitterartiges Türchen, das zur warmen Jahreszeit tagsüber anstelle der Haustüre am Bauernhof verwendet wird, um die Hühner auszusperren und den Kindern das Entweichen zu verwehren.

Giebelhaube

Im Giebelbereich eines Wohn- oder Wirtschaftsgebäudes entstandene Laube, die mit Brettern verschalt und dekorativ gestaltet sein kann.

Harpfen

Große hölzerne Gestelle mit Querstangen zum Trocknen des Heus, vor allem in Osttirol verbreitet.

Heinzen

Holzpfähle, an die das Heu zum Trocknen gehängt wird. Werden lokal sehr unterschiedlich bezeichnet, z. B. Stifler (Stubai), Stangger (Sellrain), Hoanzn (Oberinntal) oder Garggen (Passeier).

Heizbank

Gemauerte und gekachelte Sitzbank am Stubenofen, die vom Ofen oder von einem Zusatzherd in der Küche mitbeheizt wird.

Heizwand

Gemauerter und gekachelter Wandteil zwischen Stubenofen und Stubentüre, der vom Ofen mitbeheizt wird und eine verschließbare Durchreiche hat, die auch zur Warmhaltung von Speisen dient.

Hennensteige

Niederes, langgezogenes Gehäuse aus Holz, auf einer Längsseite mit Lattengitter und Legenest für Hühner. Wurde bevorzugt in Küchen zwischen offenem Herd und Zwischenwand aufgestellt, weil die Hennen im Warmen angeblich besser legen. Die Bäuerin hat die Eier so stets legefrisch zur Hand. Die Steige kann auch als Sitzgelegenheit benutzt werden.

Kardatsche

Von Wasser oder elektrisch betriebene Maschine, meistens aus Holz gefertigt, die zur Verfeinerung und zum Mischen von Schafwolle dient. Mit dem Kardatschen wird die Wolle zum Spinnen vorbereitet.

Kerbbalkentreppe

Einfache, schmale Treppe, durch Einkerbungen aus einem Holzbalken entstanden. Solche Treppen fanden bei Getreidespeichern mit Mauswehr gerne Verwendung, weil sie leicht höhenverstellbar ausgeführt werden können.

Kesselgalgen

Galgenartige Vorrichtung aus Holz, seitlich oder hinter der Feuerstelle errichtet, mit über dem Feuer schwenkbarem Gehänge für den Kessel zur Käsebereitung.

Kienspanleuchte

Mauernische mit Verbindung zum Ofenkamin, die zum Abbrennen von Kienspänen geeignet ist. Die Ausformung der Nische ermöglicht, dass der Schein des Kienspanfeuers sowohl die Stube als auch den Hausgang oder die Küche ausleuchtet.

Klebedach
Über den Fensterreihen älterer Bauwerke ausladende Verdachungen, die auf der Unterseite hohlkehlenförmig verschalt, häufig hell bemalt und nicht selten dekorativ verziert sind. Solche Bauelemente dienen dem Schutz der Fenster und zum besseren Lichteinfall in die Räumlichkeiten.

Kling-, Mal- oder Zierschrot
Zu Ornamenten geformte Enden von Zwischenwandbalken, die in kunstvoll ausgenommene Außenwandbalken eingebunden werden. Bevorzugte Motive sind Kirchen, Zimmermannsbeil, Katze, Haus, Raute und Herz.

Konsolen
Vorspringende und oftmals profilierte Unterstützungen aus Holz für Pfetten, Lauben und andere auskragende Bauelemente.

Kraxe
Tragegestell aus Holz, mit dem die Lasten am Rücken und teilweise auf dem Kopf transportiert werden.

Labe
Hausgänge in Bauernhöfen, die meistens von einer zur anderen Traufseite durchgehend sind. Aber auch stirnseitiger Teil eines Hausganges, der, mit Tisch und Sitzmöglichkeiten ausgestattet, von den Bewohnern in der warmen Jahreszeit als Essplatz verwendet wird.

Laube
Balkon oder Altane in Holzbauweise, meistens auf drei Außenfronten der Wohnbauwerke mit aufwändig verzierten Brüstungen.

Laubengang
Verandenartige offene Lauben, manchmal ebenerdig oder halbstöckig, als Zugang zum Flureingang.

Legschindeldach
Dachhaut aus Holzschindeln, die nicht durch Nägel befestigt, sondern nur aufeinandergelegt werden. Durch Streckhölzer und Schwarstangen werden die Schindeln fixiert und durch Bruch- oder Feldsteine beschwert. Dacheindeckung für flachere Dächer.

Lodenstampfe
Vorrichtung zur Erzeugung von Loden aus Schafwolle. In einem großen Trog aus Holz wird das Wollgewebe in warmes Wasser eingelegt. Schwere Holzelemente, die durch Wasserkraft, über Wasserrad und Wellenbaum gehoben werden, fallen stoßend auf das nasse Gewebe im Trog und erzeugen so das Lodenprodukt.

Machkammer
Raum im bäuerlichen Anwesen zur Anfertigung und Reparatur von Geräten, Werkzeugen und sonstigen Gegenständen.

Maisaß/Vorsäß
Einzelne oder mehrere bäuerliche Kleinbauwerke auf Weideflächen, die als Voralmen Verwendung finden. Küchenflur, Stube, Schlafkammer und Stall sind jeweils in einem Gebäude vereint. Im Frühsommer, ehe die Almen bestoßen werden, und im Herbst am Retourweg von den Almen ins Tal werden diese Ansiedlungen benützt. Maisaß leitet sich von Mai-Sitz ab, Vorsäß bezeichnet den Sitz vor der Almbestoßung oder vor der Rückkehr ins Tal.

Maßwerk
Begriff aus der Architektur für filigrane Steinmetzarbeiten, die zur Dekoration dienten. Typisch sind die reich verzierten gotischen Spitzbogenfenster. In der Bauernhofkultur wird damit ein Zierelement aus Holz bezeichnet, das zur Decke hin ein zierliches Gitter aus profilierten Leisten und filigran gearbeitete Dreipassbogen aufweist. Meistens bei hochwertigem Getäfel.

Mauswehr
Besonders profilierte Holzstützen, auf denen die Getreidespeicher stehen und die den Mäusen den Zugang verwehren. Ein Speicher auf derartigen Stützen ist jedoch nur wirksam vor Mäusen geschützt, wenn keine feste Treppenverbindung zum Eingang existiert.

Mittertennhof/Mittelflurhof
Bauernhof, bei dem der Wohntrakt durch die Tenne von der Stallung getrennt ist. Der Mittelflurhof mit

giebelseitigem Eingang weist zu beiden Seiten des Flurs Küche und Stube auf. Die Schlafräume befinden sich im Obergeschoß darüber.

Paarfußtisch
Klapptisch, einseitig über ein Gelenk an der Wand befestigt, die andere Seite mit paarigem Gelenkfuß zum Boden abstützbar.

Paarhof
Hofanlage, bei der Wohn- und Wirtschaftsgebäude unabhängig voneinander neben- oder hintereinander angeordnet sind. Zweckmäßige Hofform im steilen Gelände, mit Hangausgleichsmöglichkeit durch das Fundament und Giebelrichtung zum Tal.

Pfetten
Giebelseitig weit vorkragende, längs laufende Dachstuhlbalken, die teilweise an den Vorkragungen unterstützt sind und die quer dazu verlegten Dachsparren tragen. Die Pfettenköpfe sind oftmals dekorativ bearbeitet, wobei als Motive Katzen- oder Hundeköpfe, Drachen und Schlangen gewählt wurden.

Pfettenbrettchen
Abdeckbrettchen der Pfetten an den Giebelfronten, die teilweise kunstvoll ausgeschnitten und oftmals dekorativ bemalt sind.

Pfettenkonsolen
Auskragende Stützbalken unter Dachpfetten und auch bei Lauben. Nicht selten kunstvoll bearbeitet und dekorativ bemalt.

Pfostenspeicher
Bäuerliche Nebenbauwerke aus Holz, die immer etwas abseits der Hauptbauwerke und zum Schutz vor Mäusen auf Pfosten errichtet wurden. Sie dienen zur Lagerung von Lebensmitteln, Getreide usw.

Pilzform
Durchwegs auf kleinerem, gemauertem Fundament errichtete Holzkonstruktion, die meistens auf drei Seiten auskragt. Fundament, Holzkonstruktion und Dach des Bauwerks ergeben gemeinsam die Pilzform.

Rauchhaus
Wohnhaus ohne Kamin, meistens mit Schindeln eingedeckt, durch die der Rauch von den offenen Feuerstellen entweichen kann.

Rauchkutte
Rauchfang über der offenen Feuerstelle zur Einleitung des Rauches in den Rauchabzug.

Rauchküche
Küchenraum, meistens mit gemauertem Gewölbe und offener Feuerstelle. In zahlreichen Fällen auch mit Gestänge zum Selchen von Fleisch und Wurstwaren an der von Rauch geschwärzten Decke.

Schaffbrunnen
Aus hölzernen Dauben hergestelltes fassartiges Gefäß, das oben offen ist und zum Zwischenspeichern von Wasser dient. Der Zufluss des Wassers erfolgt über eine vertikale Brunnensäule, die oftmals verziert, durch Figuren bereichert und mit Blumen geschmückt sein kann.

Schirmbrett
Giebelseitige Dachabschlussbretter, in die bei Legschindeldächern die Streckhölzer eingezapft werden. Vielfach gelangen zwei abgestufte Windladen zur Anwendung, die oftmals noch aufwändig ausgeschnitten und dekorativ bemalt sind. Auch Windladen genannt.

Schopf
Verandaartiger, ein- oder zweiseitiger Zubau an den Traufseiten der Wohngebäude, der von den Bewohnern als Aufenthaltsraum und zur Einnahme von Mahlzeiten genützt wird. Im Sommer verandaartig offen, im Winter verschließbar.

Schopfwalmdach
Vierseitig geneigtes Dach. Beim Schopfwalmdach sind zumindest zwei Dachflächen nochmals abgewinkelt.

Schüsselrahmen
Rahmengestell aus Holzleisten ohne Abdeckung, in dem Hausrat wie Schüsseln, Teller, Deckel und dgl. aufbewahrt werden. Hängt meist an der Wand.

Schwarstangen

Holzstangen zum Niederdrücken der Schindeln und als Auflage für Steine, die zur Beschwerung bei Schindeln aufgelegt werden.

Solarium

Sonnseitiger, nach außen offener Raum im Giebelbereich eines Wohngebäudes, der zum Nachtrocknen von Feldfrüchten und der Bäuerin zur Verrichtung von Hausarbeiten dient. Teilweise verschalt oder im Winter verschließbar. Brüstung gut geeignet für Blumenschmuck.

Söller

Typische Auskragung des Obergeschoßes bei Holzbauwerken, meist umlaufend mit großen, breiten Öffnungen nach außen. Durch die Söller sind die Bauwerke zur Sonne geöffnet. Sie dienen zum Nachtrocknen von Feldfrüchten und zum Aufhängen der Wäsche. Die Bezeichnung Söller ist von Solarium abgeleitet.

Ständerbohlenbau

Holzbauweise, die älter als der Blockbau ist und aus dem einfachen Pfostenbau entwickelt wurde. Die Ständer haben dabei die tragende Funktion, die Bohlen bilden dazwischenliegende Wände. Teilweise sind Ständer und Streben mit Brettern verschalt.

Streckhölzer

Gebietsweise auch als Spannhölzer bezeichnete Holzlatten, die auf Schindeldächern zum Niederhalten der Schindeln und als Stützen für die Beschwerungssteine dienen. Die Enden der Streckhölzer werden auch in die Windladen eingezapft und durch Holzkeile gespannt.

Stubenkammer

Auch als obere Stube bezeichneter Raum über der guten Stube, der als zweite Stube oder als Schlafkammer benützt wird. Die gute Stube ist in den allermeisten Fällen auf der sonnigen Seite im Erdgeschoß.

Traufe

Untere Kante eines Daches, Einlauf in die Dachrinne, meistens an der Längsseite (Traufseite) eines Gebäudes.

Trockenharpfe

Bauwerke aus Holzstangen, teilweise überdacht, die zum Nachtrocknen von Getreide oder Feldfrüchten verwendet werden. Meistens zwei oder vier Steher und zahlreiche Querstangen, auf die das Erntegut zum Trocknen gehängt wird.

Trockenmauerwerk

Bruch- oder Feldsteine ohne Bindemittel (Mörtel oder Beton) zu einer Mauer oder einem Fundament aufeinandergefügt.

Trockenstangen

Lange schlanke Holzstangen, die im Bereich der Lauben oder Balkone angeordnet sind und zum Trocknen der Wäsche dienen. Die Stangen haben einseitig eine Befestigung mit Gelenk, sodass die Stange mit der Wäsche zum schnelleren Trocknen in den Wind geschwenkt werden kann.

Trogbrunnen

Meistens aus runden Holzblöcken hergestellter Trog, der zur Zwischenspeicherung von Wasser dient. Der Wasserzulauf erfolgt meistens über eine vertikale Brunnensäule, die profiliert sein kann und oftmals durch Figuren und/oder Blumen geschmückt ist.

Venezianersäge

Maschinelle Holzsäge mit einem Sägeblatt und Blockvorschub, über Wasserrad durch Wasserkraft betrieben.

Vorbank

Vierfüßige, längere Sitzbank, die öfters auch leicht gebogen sein kann und meistens vor dem Ecktisch, diagonal gegenüber dem Stubenofen verwendet wird. Oft sind sogar zwei Vorbänke in Verwendung.

Vorlaube

Meistens erweiterter Eingangsbereich mit Treppenaufgang zum Hauseingang, der auch mit Sitzgelegenheit ausgestattet ist und von den Bewohnern gerne zum Aufenthalt am Feierabend genützt wird.

Walmdach
Vierseitig geneigtes Dach. Beim Schopfwalmdach sind zumindest zwei Dachflächen nochmals abgewinkelt.

Windladen
Giebelseitige Dachabschlussbretter, in die bei Legschindeldächern die Streckhölzer eingezapft werden. Vielfach gelangen zwei abgestufte Windladen zur Anwendung, die oftmals noch aufwändig ausgeschnitten und dekorativ bemalt sind. Auch Schirmbrett genannt.

Zierbundwerk
Vom Zimmermann kunstvoll gestaltete und oftmals noch dekorativ bemalte Holzverbindungen und Zierstützen, auch ohne statische Funktion, im Bereich des Giebels von Bauwerken oder im Ständerbau.

Mitterhöfe der Ortschaft Bschlabs, einem Teil der Gemeinde Pfafflar, im Bschlaber Tal, einem Seitental des Lechtales.
Malerisch am Sonnenhang gelegene Holzblockbauwerke mit traufseitigen Eingängen zu den Seitenfluren. Besonders deutlich ist am linken Gebäude die Verfugung der Rundblöcke ersichtlich, die der Wärmedämmung dient. Interessant ist die vertikale Teilung der Bauwerke, wobei die rechte Hälfte zum Wohnen dient, während die linke Seite wirtschaftlichen Zwecken vorbehalten ist.

Abgebildet im Juli 1982

Bschlaber Tal / Nordtirol

Tannheimer Tal / Nordtirol

Musikzimmer eines alten Bauernhofes in der Ortschaft Tannheim mit Harmonium, tragbarer Orgel, kostbaren Möbeln und wertvollen Bildern an den Wänden.
Abgebildet im Juni 1980

Außergewöhnlicher Stubenofen eines alten Bauernhofes in der Ortschaft Tannheim. Das im Ofenhals eingelassene Kupfergefäß dient zur Warmwasserbereitung, indem man sich die Wärmeübertragung durch das Mauerwerk zunutze macht.
Abgebildet im Juni 1980

Tannheimer Tal / Nordtirol

Mächtiger Einhof in der Ortschaft Tannheim-Berg im Tannheimer Tal.
Mittelflurhof in Holzbauweise mit giebelseitigem, überdachtem Eingang und winkelförmig angefügtem Wirtschaftstrakt, der traufseitig befahrbar ist. Die verschalte Giebellaube ist schwungvoll ausgeschnitten und die Fassade schwarzbraun verwittert.
Abgebildet im Juni 1980

Lechtal / Nordtirol

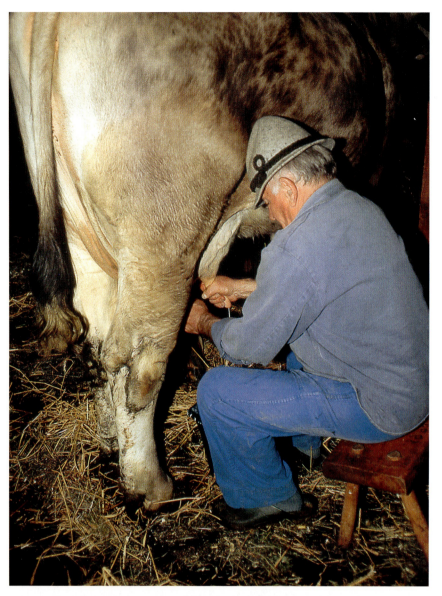

Nicht mehr allzu oft wird man händisches Melken der Kühe beobachten können, denn die meisten Bauern arbeiten heute mit Melkmaschinen. Auch die Kälber wachsen heute nur noch selten direkt bei der Mutter auf. Diese bäuerliche Idylle wie hier in Pflach im Außerfern findet sich nur noch in kleineren Betrieben, die nicht nur auf Gewinn ausgerichtet sind.

Abgebildet im Juni 2003

Lechtal / Nordtirol

Der Almabtrieb ist zu Ende, die Kuh ist bereits in der Nähe ihres heimatlichen Stalls, daher kaum noch zu halten. Die Tiere wissen oft auch noch nach dem langen Aufenthalt auf der Alm ganz genau, wo sie zu Hause sind.
Abgebildet im September 1980

Rotlechtal / Nordtirol

Bergbauern beim Heumachen im steilen Gelände oberhalb der Bergsiedlung Bichlbächle der Gemeinde Berwang.
Die Heinzen werden im Steilgelände aufgestellt. Unterhalb liegen die Bergbauernhöfe mit dem kleinen Kirchlein (links). Die Heinzen müssen von den Bauersleuten vom Hof heraufgetragen werden, auch das trockene Heu muss allein durch Tragen oder Ziehen zu Tal gebracht werden.
Wenn die Heinzen nicht mehr gebraucht werden, sind sie in einem Kleinbauwerk (oben) untergebracht.
Abgebildet im Juli 1981

Berwang / Nordtirol

Mittleres Inntal / Nordtirol

Überall dort, wo das Gelände den Einsatz von Tieren oder Fahrzeugen nicht ermöglicht, ist die menschliche Arbeitskraft immer noch unersetzlich. Das wertvolle Heu muss entweder heimgezogen oder -getragen werden. Hilfsmittel zum Heuziehen sind Schlitten und ähnliche Gebilde, die zum Aufladen und Ziehen größerer Lasten geeignet sind (oben).

Abgebildet im Juli 1980 (oben) und 1981 (unten)

Bschlaber Tal / Nordtirol

Holzarbeit vor der Haustüre am Bergbauernhof in der Bergsiedlung Egg, oberhalb der Ortschaft Bschlabs im Bschlaber Tal, einem Seitental des Lechtales.
Mit vereinten Kräften wird Brennholz geschnitten und zerkleinert. Die Quantität lässt auf Vorrat für Stubenofen und Küchenherd schließen. Blick über den Einhof auf die Hornbachkette in den Allgäuer Alpen.

Abgebildet im September 1982

Lechtaler Bauer aus der Ortschaft Forchach im Lechtal mit standesgemäßem Bart und Pfeife vor seinem Bienenhaus.
Abgebildet im Juli 1984

Bschlaber Tal / Nordtirol

Bergbauer vor seinem Anwesen, einem der Mitterhöfe in der
Bergsiedlung Bschlabs der Gemeinde Pfafflar, Lechtaler Alpen.
Abgebildet im Juli 1982

Bschlaber Tal / Nordtirol

Bschlaber Tal / Nordtirol

Bergbauernhof in der Bergsiedlung Egg in den sonnigen Hängen oberhalb der Ortschaft Bschlabs im Bschlaber Tal, einem Seitental des Lechtales.
Die Bäuerin füttert ihre Hühner vor dem kleinen Hausgarten. Dahinter Giebelfront des Rundblockbauwerks, teilweise mit Brettern verschalt und Wärmedämmung aus Moos und Lehm in den Fugen der Außenwandbalken. Darüber im Giebelbereich Kleinbalkon mit Verbindung zu einem Arbeitsraum im Dachboden. Die Verfugungen zur Wärmedämmung sind auch gut im Bild links zu erkennen.

Abgebildet im Oktober 1982

Gramais / Nordtirol

Bschlaber Tal / Nordtirol

Bäuerin beim Brotbacken in einem Bergbauernhof der Bergsiedlung Egg, oberhalb der Ortschaft Bschlabs im Bschlaber Tal.

Die Küche dieses Bergbauernhofes ist bescheiden ausgestattet. Die zentrale Heizquelle, der Stubenofen, dient auch zum Brotbacken. Die Beschickung erfolgt vom Hausgang, wie die Abbildung zeigt. In der Vorbereitung werden die kleinen Laibe noch zur Entlüftung gestupft und mit schwarzem Kaffee bestrichen, damit das Brot eine schöne braune Farbe erhält.

Abgebildet im Juli 1981

Alter Bergbauernhof in der Höhensiedlung Gramais (1330 m) in den Lechtaler Alpen.

Mittelflurhof in Holzblockbauweise mit gemauertem Küchenbereich zum abfallenden Hang. Einfach gestaltete Fassade, ohne Laube und Holzverzierungen. Das Scharschindeldach ist mit Bruchsteinen beschwert. Holzbauwerk mit dicht gefügten, behauenen Balken im Wohn- und Stallbereich sowie luftiger Aufzimmerung aus Rundbalken oberhalb der Stallung.

Abgebildet im Juni 1984

Lechtal / Nordtirol

Doppelportal an einem Gehöft in der Ortschaft Weißenbach im Lechtal. Reichlich ornamental geschnitzte Füllungen mit dem Auge Gottes als Symbol. Türen solcher Art sind ein Markenzeichen der Ortschaft, wobei vielfach durch einen Flügel die Wohnung im Erdgeschoß und durch den anderen der Aufgang zum Obergeschoß betreten werden kann.

Abgebildet im Jänner 1982

Zeugnisse schon früher hoher Wohnkultur. Links eine Bauernstube in Elbigenalp, rechts in der Gemeinde Steeg, Bezirk Reutte.
Herausragend hübsche Standuhr und interessanter Wochenkalender an der Tür.

Abgebildet im Mai 1983

Lechtal / Nordtirol

Schlafzimmerschrank in einem mit Stuckarbeiten verzierten Schlafzimmer eines begüterten Gehöftes in der Ortschaft Holzgau.
Ein Meisterwerk kunstvoller Holzbearbeitung mit bewundernswerten ornamentalen Schnitzereien an den Fronten und filigraner figuraler Schnitzarbeit auf dem Kasten.

Abgebildet im Mai 1982

Auch die Betten dieses Schlafzimmers, das Nachtkästchen und ein kunstvoll beschnitzter Stuhl sind aus wertvollem massivem Zirbenholz gefertigt und reich verziert.

Abgebildet im Mai 1982

Bschlaber Tal / Nordtirol

Gramais / Nordtirol

Aste Unterhaus der Gemeinde Pfafflar im Bschlaber Tal.
Zweigeschoßiges Holzbauwerk mit traufseitigem Eingang zum Küchenflur und Firstseite parallel zum Hang. Nur der Küchenbereich ist bruchsteingemauert, alles Übrige wurde aus Rundblöcken aufgezimmert und die Fugen mit Lehm-Häcksel-Gemisch abgedichtet. Der Wirtschaftsteil mit Stall und darüberliegender Tenne im rechten Gebäudeteil ist auch von der Hangseite aus befahrbar. Im Giebelbereich der sonst schmucklosen Fassade befindet sich eine bescheidene Laube mit zierlichen Brüstungsstäben.
Abgebildet im Juni 2000

Die Dauersiedlung Gramais in den Lechtaler Alpen ist eine der schönsten Höhensiedlungen (1330 m) Tirols. Die Einhöfe sind in Holzbauweise errichtet. Als Baustoffe wurden Fichtenbalken, unbehauene oder grob behauene Vierkantblöcke und Kalkbruchsteine verwendet. Die Dachabdeckungen sind größtenteils Scharschindeleindeckungen, die mit Bruchsteinen beschwert wurden. Der typische Lechtaler Einhof in Bildmitte wurde inzwischen ins Bauernhöfemuseum nach Kramsach im Unterinntal übersiedelt!
Abgebildet im Frühjahr 1979

Lechtal / Nordtirol

Einhof in der Ortschaft Holzgau im Lechtal.
Aus Holzbalken errichteter Seitenflurhof, der außen verputzt und besonders reichlich mit Fresken geschmückt wurde. Der Wirtschaftstrakt ist hinten L-förmig angebaut und wie der Wohnteil mit Schindeln eingedeckt. Von der Fassadenmalerei her zählt dieses Bauwerk zu den schönsten Tirols. Die künstlerischen Arbeiten wurden von Lechtaler Freskenmalern und Stuckateuren ausgeführt. Die Fassade trägt die Jahreszahl 1786, die Erstgründung erfolgte um 1586. Auf der Giebelfassade wird die Krönung Mariä dargestellt sowie der hl. Josef und Antonius von Padua; auf der südlichen Traufseite der hl. Martin mit Bettler; auf der nördlichen Traufseite der hl. Georg auf dem Pferd im Kampf mit dem Drachen.

Abgebildet im Juli 1982

Lechtal / Nordtirol

Dekorativ bemalter Bauernhof an der Alten Straße in der Ortschaft Elbigenalp im Lechtal.
Die verputzte Fassade dieses Hofes wurde von einem heimischen Künstler mit herrlichen Freskenmalereien geschmückt und bildet ein herausragendes Zeugnis der historischen, bäuerlichen Baukultur.
Abgebildet im Sommer 1986

Kaiser- und Paznauntal / Nordtirol

Bauer beim Eintragen von Grünfutter bei einem Bauernhof in der Hochgebirgssiedlung Langesthei im Paznauntal.
Das Frischfutter wird ganz nach Bedarf aus den steilen Flanken hinter dem Hof geholt und im geflochtenen Rückenkorb zum Hof getragen.
Abgebildet im Oktober 1984

Eine Bäuerin aus der Bergsiedlung Kienberg bei der Ortschaft Kaisers im Kaisertal, einem Seitental des Lechtales, beim Butterstampfen.
Abgebildet im Juni 1983

Kaisertal / Nordtirol

Bergbauernhöfe in Boden, einem Ortsteil der Streusiedlung Kaisers im Kaisertal, einem Seitental des Tiroler Lechtales in etwa 1500 Meter Höhe.
Einhöfe in Holzblockbauweise mit Beschindelung der Fassaden gegen Witterungseinflüsse und Schindeleindeckung. Links ein Hof mit Mittelflur und giebelseitigem Eingang, rechts ein Seitenflurhof mit einfach gestalteter Giebellaube.

Abgebildet im Juli 1991

Lechtal / Nordtirol

Paarhof des Weiler Gehren in der Nähe der Ortschaft Lechleiten am Talende des Lechtales.
Holzblockbauwerk auf gemauertem, hangausgleichendem Fundament im Walser Baustil. Giebelseitig rechts unten ist ein Bienenhaus angefügt.
Abgebildet im Juli 1982

Stanzer Tal / Nordtirol

Eingang zum Thöny-Haus in der Ortschaft St. Anton am Arlberg.
Dieses mit verschiedenen Techniken erstellte Holzbauwerk ist ein herausragendes Beispiel hoch entwickelter Holzbaukunst aus dem 16. Jahrhundert. Das imponierende Erdgeschoß ist in Ständerbohlenbau mit Riegelbundwerk und das Obergeschoß in Blockbauweise gezimmert. An der Verbindungsstraße über den Arlberg gelegen, diente dieses Gebäude früher als Salzlager (Salzstadel). Neben dem außergewöhnlich gestalteten Eingang ist die mit Blumen geschmückte Salzdurchreiche (links) gut erkennbar.

Abgebildet im September 1984

Paznauntal / Nordtirol

Bergbauernhof am extrem exponierten Standort bei der Bergsiedlung Glittersberg hoch über dem Talgrund des Paznauntales.
Die Ausführung in der traditionellen Holzbauweise als Paarhof auf lawinensicherem Hangrücken ist ein Beispiel des Bestrebens, mit dem wenigen Kulturgrund sparsamst umzugehen. Auf möglichst kleinen Fundamenten aus Steinmauerwerk sitzt die hoch aufstrebende Holzkonstruktion, sowohl beim Wohnbauwerk wie auch bei den Wirtschaftsgebäuden.

Abgebildet im Herbst 1982

Pitztal / Nordtirol

Wirtschaftsgebäude eines Haufenhofes in steiler Hanglage hoch über dem Pitztal.
Die Einzelgebäude stehen zum Hangausgleich auf Stelzen oder werden mit Trockenmauerwerk untermauert. Holzblockbauwerke wie diese, die zur Vorratshaltung dienen, sind luftig gefügt, solche für Wohnzwecke oder Stallungen dicht verkämmt als auch verfugt. Dachabdeckungen sowohl Scharschindeln als auch Dachpappe.
Abgebildet im Juli 1983

Oberes Gericht / Nordtirol

Rätoromanische Bauernhöfe in gemauerter Bauweise in der Ortschaft Ladis auf der Sonnenterrasse des Oberinntals. Auffallend ist die sehr massive Ausführung des Mauerwerks mit Rundbogentoren und Gehtüren. Über dem formschönen, dekorativ bemalten Erker ist eine Freskenmalerei zu erkennen.

Abgebildet im Juni 1983

Oberes Gericht / Nordtirol

Trogbrunnen und Schaffbrunnen in der Ortschaft Fiss auf der Sonnenterrasse des Oberinntals.
Die Brunnensäule ist figural geschmückt und überdacht. Im Hintergrund architektonisch interessantes Holzbauwerk mit Heinzenspeicher und Giebellaube.

Abgebildet im Februar 1996

Paznauntal / Nordtirol

Höhensiedlung Farst bei der Ortschaft Umhausen, hoch über dem Talgrund des Ötztales. Bergbauernhöfe in vollendeter Anpassung an die Berglandschaft. Der Paarhof bot gute Voraussetzungen für das Bauen am felsigen Steilhang, wobei möglichst sparsam mit dem zur Verfügung stehenden Kulturgrund umgegangen wurde.

Abgebildet im Juni 1983

Bergbäuerin am Weg zur Dunglage, beim Bauernhof in der Bergsiedlung Glittersberg, Gemeinde See im Paznauntal, ausgerüstet mit Griffschuhen, in der Hand die Mistgabel und im Rückenkorb, der zum Mistaustragen benötigt wird, ein Dreifuß zur leichteren Aufnahme des beladenen Korbes. Der Mist wird als natürliches Düngemittel auf die Steilhänge ausgetragen und dort ausgebreitet. In den steilen Hochlagen mussten alle Lasten getragen werden. Das untere Bild zeigt zwei Bäuerinnen beim Austragen von Dung in Gemais, Tuxer Tal.

Abgebildet im September 1984

Ötztal / Nordtirol

Ötztal / Nordtirol

Gaislerhof in exponierter Höhenlage (etwa 1800 m) hoch über dem Venter Tal im hintersten Ötztal, erbaut 1736. Paarhof in gemischter Bauweise mit Wirtschaftsgebäude (links am Bildrand) und einer schmucken gemauerten Kapelle (nicht zu sehen). Holzkonstruktion aus behauenen, verwitterten Balken auf hangausgleichendem Fundament.

Abgebildet im Oktober 1985

Ötztal / Nordtirol

Paarhof bei der Siedlung Heiligenkreuz im Venter Tal. Rechts im Bild das Wohngebäude in Holzblockbauweise mit einfach gestalteter Giebellaube und Legbretterdach. In Bildmitte zwei Wirtschaftsgebäude aus Rundblöcken aufgezimmert und ganz links der frei stehende, gemauerte Backofen.

Abgebildet im September 1983

Wohngebäude eines Paarhofes bei der Ortschaft Tumpen im Ötztal.
Mittelflurhaus in gemauerter Massivbauweise mit reichlicher Freskenmalerei zur Verzierung. Aufwändig und kunstvoll umrahmte Fenster mit buntem Blumenschmuck. Schwach verziertes Giebelbundwerk mit gezimmertem Verbund.

Abgebildet im Juli 1983

Alter Bauernhof in gemauerter Bauweise mit Mittelflur und Giebellaube in der Ortschaft Lehn bei Längenfeld im Ötztal.
Besonders beachtenswert ist der Pfostenspeicher links. Das gesamte Anwesen mit dem Wirtschaftsgebäude dahinter dient heute als Heimatmuseum.

Abgebildet im Juli 2006

Leutasch / Nordtirol

Behagliche Stubenecke im Bandlhof an der Klamm in Leutasch, 1460 urkundlich genannt, Erbhof seit 1694. Die eigenartige Form des Ofens ist im Raum Leutasch verbreitet. Über die schmale Holztreppe können die jüngeren Bewohner in die über dem Ofen liegende Kammer gelangen. Gleichzeitig kann warme Luft durch die Aufstiegsöffnung von der Stube in den Schlafraum strömen. An den an der Decke befestigten Ofenlatten wird nasse Kleidung zum Trocknen aufgehängt.

Abgebildet im November 1984

Leutasch / Nordtirol

Bandlhof, ein Erbhof aus dem Jahre 1694, an der Klamm in Leutasch.
Mittelflurhof in gemischter Bauweise mit dekorativ verziertem, blumengeschmückten Balkon an der Giebelfassade, vorgezogenem Giebelbundzierwerk und Trockengestänge.
Abgebildet im November 1984

Leutasch und Pettnau / Nordtirol

Bauernhof „Mühlpaula" im Ortsteil Gasse der Gemeinde Leutasch. Gemauertes Wohnbauwerk mit besonders gut gepflegten Freskenmalereien und vorgezogenem Zierbundwerk im Giebelbereich. Giebelfront mit mächtiger Eckquaderung beidseitig.

Abgebildet im Juli 1997

Haus Pohl, ein herrlicher Bauernhof im Ortsteil Gasse der Ortschaft Leutasch. Gemauerte Bauausführung mit aufwändiger Freskenmalerei an der Fassade und hübscher Eckquaderung. Die Freskenbilder zeigen Johannes Nepomuk, den hl. Florian und ein Marienbild. Sehr gepflegter Einhof mit Mittelflur und Laube traufseitig.

Abgebildet im Juli 1987

„Schweizer Hof" in der Siedlung Dirschenbach bei Pettnau im Oberinntal. Erbaut wurde dieser stattliche Einhof 1680 in gemauerter Massivbauweise. Die gemauerten Fassadenflächen sind reichlich mit wertvoller Freskenmalerei verziert. Mittagsglockenturm am First und Trockengestell zur Nachreifung von Maiskolben vor dem traufseitigen Laubengang.

Abgebildet im Oktober 1983

Prächtiger Mittelflurhof in der Ortschaft Kematen im mittleren Inntal. Typisch ist die vertikale Teilung in Wirtschafts- und Wohntrakt. Großes Scheunentor und Stalltüre rechtsseitig sowie gemauerter Wohnteil linksseitig. Kunstvoll gestaltetes Vorbundwerk im Giebelbereich. Fenster und vor allem Giebellaube sind mit bunten Blumen geschmückt.

Abgebildet im August 1985

Mittleres Inntal / Nordtirol

Der Fischlermüllerhof in der Ortschaft Absam im mittleren Inntal, erbaut 1763.
Besonders sehenswerter Mittertennhof in gemauerter Massivbauweise mit Darstellung einer Pietà an der Giebelfassade. Rundbogentor mit Gehtüre zur Tenne des Wirtschaftsteiles, der die rechte Haushälfte einnimmt. Vorgezogener, unverschalter Giebelbereich mit Trockengerüst zum Nachtrocknen von Feldfrüchten. Der Hausname ist auf den früher hier ausgeübten Beruf zurückzuführen: Die durch die Wasserkraft des vorbeifließenden Baches angetriebene Mühle ist traufseitig, rückwärts angebaut.

Abgebildet im Oktober 1984

Wipptal / Nordtirol

Stattlicher Mittelflurhof in gemauerter Massivbauweise, in der Ortschaft Schönberg im Wipptal.
Fassade durch Erker aufgelockert und durch Freskenmalereien auch um die Fenster verziert. An der Giebelfront Rundbogentüre zum Mittelflur und große Giebellaube.

Abgebildet im Juni 1996

Mittleres Inntal / Nordtirol

Eingangstüre zum Mittelflur des Viktor-Hofes in der Ortschaft Axams im mittleren Inntal.
Portal mit profiliertem Türstock und satteldachartigen Zierelementen mit Verglasung zur Aufhellung des Flurs, Füllungen der Türe koloriert mit ornamentalem Schnitzwerk verziert.

Abgebildet im August 1985

Mittleres Inntal / Nordtirol

Der Viktor-Hof ist ein ausladender Mittelflurhof aus dem 16. Jahrhundert in gemauerter Massivbauweise. Die helle Fassade trägt wertvolle Freskenmalereien an der Giebelfront und zeigt eine reichlich ornamental verzierte Eingangstüre zum Mittelflur. Im Giebelbereich luftige blumengeschmückte Laube und vorgezogenes Giebelbundwerk.

Abgebildet im August 1985

Mittleres Inntal / Nordtirol

Alte Mühle in der Ortschaft Absam.
Aus einer Senke am Ufer des Baches erhebt sich dieses massiv gemauerte Bauwerk, an dessen Hinterseite sich die eigentliche Mühle befand. Neben den sehenswerten Freskenmalereien und den wertvollen Fenstern mit Butzenscheiben fällt die eigenartig schmal aufragende Bauform besonders ins Auge. Eine Kostbarkeit der bäuerlichen Baukultur, welche innen und außen beispielhaft renoviert wurde.
Abgebildet im Oktober 1984

Wohngebäude eines Paarhofes in gemauerter Bauweise in der Ortschaft Wildermieming auf dem Mieminger Plateau. Giebelfront durch bezaubernde Fresken geschmückt, zierliche Laube im Giebelbereich.
Abgebildet im Juni 1980

Gschnitztal / Nordtirol

Reizvoll gestalteter Berghof in den sonnigen Wiesen des mittleren Gschnitztales.
Gemauerte Bauausführung mit Bemalung der Fensterumrandungen und Eckquaderung. Seitenflureingang traufseitig mit Wandbemalung. Im Hintergrund die grandiose Felskulisse des Serleskammes.
Abgebildet im Juli 1983

Navis- und Schmirntal / Nordtirol

Wohngebäude eines Paarhofes in den sonnigen Hängen des Navistales, einem Seitental des Wipptales. Seitenflurhof in gemischter Bauweise mit gemauertem Erdgeschoß und einer Holzkonstruktion, die das Obergeschoß bildet. Eingang zum Seitenflur traufseitig, Giebellaube mit einfach gestalteter Brüstung.

Abgebildet im April 1983

Bauerngehöft in der Ortschaft Toldern in Innerschmirn im Schmirntal, einem Seitental des Wipptales. Massiv gemauerter Einhof mit traufseitigem Eingang. Giebelbereich als Holzkonstruktion ausgebildet, mit reichlichem Zierbundwerk ausgestattet. Fassadenfenster mit ornamentaler Malerei verziert. Als Besonderheit einstöckiger Getreidespeicher und Brechelkammer im Hofbereich.

Abgebildet im Juni 1983

Hofstätte in der Ortschaft Navis im Navistal, einem Seitental des Wipptales.
Bauwerk mit beachtlichen Ausmaßen, wohlproportioniert mit Seitenflureingang traufseitig und schmuckvoll gemalten Fensterumrandungen. Stadelbrücke an der hinteren Giebelseite.

Abgebildet im Juni 1993

Valser Tal / Nordtirol

Ziergiebelbundwerk an einem Bauernhof im Valser Tal, einem Seitental des Schmirntales.
Unten: Offener Herd in einer Aste am Talende des Valser Tales.
Abgebildet im Mai 1983

Schmirntal / Nordtirol

Einhof in gemischter Bauweise bei der Ortschaft Toldern in Innerschmirn, Schmirntal, einem Seitental des Wipptales.
Seitenflurhaus mit vorwiegender Holzkonstruktion, Laube im Giebelbereich und traufseitig. An der Giebelfront angebautes Bienenhaus und Strohkörbe auf dem Dach des Erkers. Schindeleindeckung mit Bruchsteinbeschwerung und Wirtschaftstrakt im hinteren Bereich.
Abgebildet im Mai 1983

Schmirntal / Nordtirol

Einhof in der Ortschaft Toldern in Innerschmirn im Schmirntal.
Seitenflurhaus in gemauerter Massivbauweise mit traufseitigem Hauseingang und Freskenmalerei an der Giebelfassade.

Abgebildet im Juni 1993

Einstöckiger Getreidespeicher in Blockbauweise bei einem Bauernhof in der Ortschaft Toldern in Innerschmirn.

Abgebildet im Juni 1993

Obernbergtal / Nordtirol

Einhof in gemischter Bauweise in der Ortschaft Obernberg im Obernbergtal, einem Seitental des Wipptales.
Dieses jahrhundertealte Gehöft ist ein Seitenflurhaus mit traufseitiger Laube und Schindeldacheindeckung. Die vordere Giebelseite trug ein herausragend schön gestaltetes Giebelbundwerk. Die Tenneneinfahrt und der seitlich angebaute Wirtschaftsteil befanden sich an der hinteren Giebelseite. Leider wurde dieses Bauwerk inzwischen vollständig abgetragen.

Abgebildet im Juni 1983

Achensee / Nordtirol

Die Bauernhöfe der Ortschaft Eben am Achensee, Tirol, sind nicht nur sehr gepflegt und formschön, sie sind auch reichlich ornamental verziert. Die Abbildungen zeigen die aufwändig gestalteten Giebelbereiche zweier Gehöfte mit ihren kunstvollen zweiarmigen Glockentürmen sowie außergewöhnlich reich ornamental ausgearbeitete und farblich dekorierte Schirmbretter, Windladen und Pfettenbrettchen.

Abgebildet im Sommer 2001

Achensee / Nordtirol

Einhof in gemischter Bauweise in der Ortschaft Pertisau am Achensee. Langgezogenes Bauwerk mit Wohn- und Wirtschaftsteil hintereinander. Eingang giebelseitig, darüber Balkon mit reichem Blumenschmuck und Laube im Giebelbereich. Satteldach mit Schindeleindeckung und Bruchsteinbeschwerung. Als Besonderheit ist der eigenartig geformte Glockenturm am Dachfirst anzusehen.

Abgebildet im Juli 2001

Zillertal / Nordtirol

Kleinbauernhof aus der Ortschaft Helfenstein der Gemeinde Hart im Zillertal. Der Hof befindet sich heute im Bauernhöfemuseum Kramsach. Typisches Flurküchenhaus aus behauenen Holzbalken, mit giebelseitigem Eingang über eine Holztreppe, umlaufender, offener Laube mit verzierter Brüstung und profilierten Stützsäulen. Mittellaube und Giebellaube an der Vorderfront. Dacheindeckung Legschindeln, mit Bruchsteinen beschwert. Auffallende Kaminausführung aus Lärchenholz.

Abgebildet im Juni 1983

Tuxer Tal / Nordtirol

Höfegruppe Gemais am Sonnenhang, im Tuxer Tal.
Paarhöfe vollständig in Holzblockbauweise errichtet, mit mächtigen,
über zwei Seiten laufenden Laubengängen, Legschindeleindeckung mit
Spannhölzern und Bruchsteinbeschwerung.

Abgebildet im September 1984

Unterinntal / Nordtirol

Hecherhof aus dem Jahre 1600 in der Bergsiedlung Zimmermoos oberhalb der Ortschaft Brixlegg im Unterinntal.
Mächtiger, ausladender Kantholzblockbau mit umlaufenden Laubengängen, Trockenstangen und vierarmigem Mittagsglockenturm am First.
Neben den äußeren kennzeichnenden Merkmalen dieser stolzen Nordosttiroler Bauernhöfe ist auch der Innenbereich in mustergültigem Erhaltungszustand. Die noch im ursprünglichen Zustand erhaltene Küche mit offener Feuerstelle zählt zu den baulichen Kostbarkeiten mit Seltenheitswert.
Abgebildet im Mai 1985

Unterinntal / Nordtirol

Die schwarze Küche des Hecherhofes wird vom offenen Herd beherrscht. Der schwenkbare Kesselgalgen, Kupferkessel und Funkenhut sind die Hauptelemente der Küchenausstattung. Der Boden besteht aus gestampftem Lehm.
Um das Verrußen der Pfannen in der schwarzen Küche zu vermeiden, ist der Pfannenhalter zur Aufbewahrung der Großpfannen im Hausgang angebracht. Am Boden darunter ein traditionelles Butterfass.

Abgebildet im Mai 1985

Leukental und Wildschönau / Nordtirol

Schwungvoll gestaltete Pfettenkonsolen mit einfacher ornamentaler Bemalung an einem alten Bauernhof in Holzblockbauweise im Leukental, Bezirk Kitzbühel.
Abgebildet im Juli 1986

Hauseingang eines sehr gepflegten Einhofes in Holzbauweise bei der Siedlung Auffach in der Wildschönau.
Eingangsbereich mit Hausbank und halbhohem Türgatter aus Holz, das Be- und Entlüftung des Hausflurs ermöglicht.
Abgebildet im Juli 1983

Wildschönau und Alpbachtal / Nordtirol

Am Trogbrunnen vor der Haustüre eines Bauernhofes in Inneralpbach.
Der mächtige Einhof mit Mittelflur in Holzbauweise wird von einem Laubengang mit einfach gestalteter Brüstung, an der Trockenstangen angebracht sind, und einer vorgezogenen Giebellaube beherrscht.

Abgebildet im September 1983

Kling- oder Malschrot (Zierschrot) ist die Bezeichnung für die kunstvoll ausgeführten Zinken der Zwischenwandbalken. Die dekorative Holzbearbeitung an den Bauernhöfen des Unterlandes ist sehr variantenreich, selbst den Schrotköpfen bei der Einbindung der Zwischenwandbalken wurde größtes Augenmerk geschenkt und hiefür besondere Zierformen gewählt.

Abgebildet an einem Bauernhof in der Wildschönau 1983

Brandenberger Tal und Unterinntal / Nordtirol

Einhof Oberburgstall, erbaut 1678, in Brandenberg im Brandenberger Tal. Malerisches altes Bauwerk in gemischter Bauweise mit über drei Seiten laufendem Laubengang, der eine dekorative Brüstung aufweist, und eine vorgezogene, verschalte Giebellaube. Im Innern verbirgt sich eine sehenswerte Stube und eine schwarze Küche mit offenem Herd.
Abgebildet im August 1985

Einhof bei der Ortschaft Angath im Unterinntal.
Mittelflurhof in gemischter Bauweise mit giebelseitiger Laube und Giebellaube, deren Brüstungen verziert sind und reichen Blumenschmuck aufweisen. Wohn- und Wirtschaftstrakt sind ebenerdig gemauert, Obergeschoß aus behauenen Holzblöcken aufgezimmert.
Abgebildet im Juli 1983

Einhof in gemischter Bauweise in der Ortschaft Brandenberg im Brandenberger Tal.
Mittelflurhaus mit ebenerdig gemauertem Wohn- und Wirtschaftsteil. Obergeschoß aus Holzbalken gezimmert. Über drei Seiten laufende Laube mit verzierten Brüstungsbrettchen. Darüber mit zierlicher Brüstung gestaltete Giebellaube. Beiderseits des Eingangs Fresken und am First ein zweiarmiger Mittagsglockenturm.
Abgebildet im Juli 1984

Alpbachtal / Nordtirol

Einhof in Holzbauweise oberhalb der Ortschaft Alpbach im Alpbachtal, einem Seitental des Unterinntales.
Mittelflurhaus mit Firstrichtung zum Tal. Umlaufende Lauben und ausladende Giebellaube mit profilierten Stützsäulen. Linksseitig angebauter Bienenstand, der von der Laube erreichbar ist. Die Vorfahren der heutigen Besitzer waren als Knappen in den Kupfer- und Silberminen oberhalb der Höfe beschäftigt.

Abgebildet im September 1983

Unterinn- und Kaisertal / Nordtirol

Links: Webstuhl in Holzbauweise in einem Bergbauernhof im Unterinntal, mit dem in den Wintermonaten Leinen für den Hausgebrauch hergestellt werden konnte. Derartige Geräte sind auf den Höfen viel seltener als Spinnräder zu finden, weil – im Gegensatz zum Spinnen – die Webarbeiten meist nicht von den Bauersleuten selbst ausgeführt wurden.

Rechts: Wasserbetriebene Wollkardatsche (aufgenommen in Enneberg/Südtirol), mit der die gewaschene Wolle zu feinem, spinnfähigem Wollflaum gestrichen wird.

Abgebildet im Juli 1983 und Juni 1986

Bäuerin beim Schafwollespinnen in der gemütlichen Stube eines Bergbauernhofes im Weiler Kienberg der Gemeinde Kaisers.
Im Hintergrund, diagonal gegenüber dem Herrgottswinkel, der große, oben flache Ofen mit Trockengestänge. Diese für das Lechtal typischen Öfen werden vom Hausgang aus beschickt, dienen als zentrale Wärmequelle, zum Brotbacken und als Liegeplatz für die Bewohner.

Abgebildet im Juli 1980

Wildschönau / Nordtirol

Erbhof Baumgart, 1764 erbaut, hoch über dem Talboden zwischen den Ortschaften Niederau und Oberau in der Wildschönau.
Mittelflurhof in Holzblockbauweise mit umlaufender Laube und Giebellaube. Über der Laube schwenkbare Trockenstangen für die Wäsche. Links im Bild ein Gerätebauwerk und rechts der außen stehende Backofen mit Schindeldach. Dachgiebel mit Zierwerk um das Kreuz geschmückt, am First ein prächtiger, sechsarmiger Mittagsglockenturm.

Abgebildet im Juni 1983

Kelchsau / Nordtirol

Blick in die Herdecke einer urigen Küche mit dem aufgemauerten Herd, der Feuerstelle, davor die Glutgrube und dahinter in der Ecke eine Herdbank. Obwohl das ganze übrige Gebäude aus behauenen Holzbalken gezimmert ist, wurde die Herdecke aus Feuerschutzgründen gemauert. Über dem Herd hängt die Rauchkutte, von der der Rauch durch den Hausgang und den hölzernen Kamin über das Dach ins Freie geleitet wird.

In den Ecken hängt Hausrat griffbereit an der Wand, es sind nur wenige geschlossene Möbel vorhanden. Töpfe und Pfannen sind genauso gezeichnet vom Rauch des offenen Herdfeuers wie die Holzbalkenwand und das obere Drittel der Brettertüre. Trotzdem vermittelt die bescheidene, aber zweckdienliche Küche eine freundliche Atmosphäre.

Abgebildet in der Kelchsau im Juli 1982

Brixental / Nordtirol

Beachtlicher Einhof am Wiesenhügel oberhalb der Straße von der Wildschönau nach Hopfgarten im Brixental.
Zweckmäßig in die Landschaft eingefügte Hofanlage in Holzbauweise. Der Mittelflureingang ist über eine ebenerdige, offene Laube erreichbar. Leicht dekorativ gestaltete Brüstungen und elegant profilierte Laubenstützen an den Lauben. Ein filigranes Firstkreuz und ein vierarmiger Mittagsglockenturm schmücken dieses Bauwerk.

Abgebildet im Juni 1983

Wildschönau / Nordtirol

Bildhübscher Bauernhof in den sonnigen Wiesen der Ortschaft Auffach, Gemeinde Wildschönau.
Einhof mit Mittelflur in Holzbauweise mit umlaufendem Laubengang und Giebellaube. Trockenstangen am Laubengang und vierarmiger Mittagsglockenturm am First.
Abgebildet im Juli 1983

Wildschönau / Nordtirol

Einhof in gemischter Bauweise zwischen Oberau und Niederau, Wildschönau.
Einer der wenigen langen Einhöfe, die mit der Firstrichtung zum Tal zeigen. Mittelflurhof mit mächtiger, umlaufender Laube und Giebellaube, die durch profilierte Stützsäulen gesichert wird. Küchen- und Stallbereich in gemauerter Ausführung.

Abgebildet im Juli 1983

Pillerseetal

Paxerhof in der Ortschaft Durchholzen am Walchsee.
Einhof mit Mittelflur in gemauerter Bauweise mit kleinem Balkon vor dem Flur des Obergeschoßes und dominierender Giebellaube mit dekorativ gestalteter Brüstung. Die Besonderheit jedoch ist die aufwändig mit barocken Fresken geschmückte Fassade.

Abgebildet im April 1997

Nordosttiroler Mittelflurhof in gemischter Bauweise bei St. Jakob in Haus, Bezirk Kitzbühel.
Gemauertes Erdgeschoß, in Holz gezimmertes Obergeschoß mit umlaufendem Laubengang, Giebellaube und Mittagsglockenturm am First.

Abgebildet im Juli 2001

Der Stöcklhof aus dem 15. Jahrhundert im Weiler Flecken in der Nähe der Ortschaft St. Ulrich am Pillersee.
Einhof in vorwiegend gemauerter Bauweise, am Wohnteil giebelseitige Eingangstüre zum Mittelflur, darüber umlaufende Laube und Giebellaube. Am hinten angefügten Wirtschaftsteil ist die Tennenbrücke gut erkennbar.

Abgebildet im Juli 2002

Einhof in der Ortschaft Waidring, Bezirk Kitzbühel.
Mittelflurhof in gemischter Bauweise mit umlaufendem Laubengang, Giebellaube und fünfarmigem Mittagsglockenturm am First. Eines der vielen reich mit Blumen geschmückten, sorgfältig gepflegten Gehöfte, die den Nordosttiroler Hoftyp verkörpern.
Abgebildet im Juli 2002

Trixlhof mitten in den saftigen Mähwiesen des Weilers Flecken in der Nähe der Ortschaft St. Ulrich am Pillersee.
Einhof in gemischter Bauweise mit bemalten Fenster- und Türumrahmungen, umlaufendem Laubengang, Giebellaube und elegantem Glockenturm am First.
Abgebildet im Juni 2001

Einhof in gemischter Bauweise in der Ortschaft Waidring, Bezirk Kitzbühel.
Bewundernswert gepflegtes Anwesen, dessen Laube und Giebellaube sowie die Fenster reichlich mit bunten Blumen geschmückt sind. Am First hoch aufragender Mittagsglockenturm.
Abgebildet im Juli 2002

Jochberg / Nordtirol

Imposanter Einhof in gemischter Bauweise in der Ortschaft Jochberg, Bezirk Kitzbühel. Besonders eindrucksvolle Baulichkeit mit vielfältigen Gestaltungselementen wie bemalte Fenster- und Türumrahmungen, an zwei Obergeschoßen umlaufende Lauben und Giebellaube. Pfettenverzierungen und profilierte, bemalte Stützsäulen an den Lauben. Verzierungen der Schirmbretter und einfaches Kreuz am Giebel, am First dahinter mächtiger sechsarmiger Mittagsglockenturm.

Abgebildet im Juli 1984

Leonhardhof, Einhof in Holzblockbauweise aus dem 14. Jahrhundert, im Weiler Oberhausen bei Jochberg. Auffallend sind die schwenkbare Wäschestange und der sechsarmige Mittagsglockenturm am First.

Abgebildet im September 1986

Rechts:
Höfegruppe in den Wiesenhängen von Innervillgraten. Einhöfe in Holz- und gemischter Bauweise als Seitenflurhäuser konzipiert. Zum Teil ist nur das hangausgleichende Fundament gemauert, auf dem die Gebäude aufgezimmert sind. Die Holzkonstruktionen weisen Laubengänge und Giebellauben auf. Auf den Wiesen wird das Heu getrocknet.

Abgebildet im Juni 1982

Villgratental / Osttirol

Defreggental / Osttirol

Trockenharpfe im Defereggental.
Auf diese für die Region typischen hohen Trockengerüste wird das Heu, aber auch Getreide oder Feldfrüchte zum Trocknen gehängt.
Abgebildet im Juni 1982

Virgen-, Villgraten- und Iseltal / Osttirol

Einhof in Holzblockbauweise, in der Ortschaft Innervillgraten im Villgratental.
Eingang zum Mittelflur über Holztreppe und Laubengang, darüber ausladende Laube und verschalte Giebellaube.

Abgebildet im Juli 1986

Einhof in Holzbauweise mit versetzt angebautem Wirtschaftsgebäude bei der Ortschaft Prägraten im Virgental.
Wohn- und Wirtschaftsteil aus behauenen Holzblöcken gezimmert und teilweise verschalt. Giebelseitiger Laubengang mit Holztreppe sowie umlaufende Laube mit dekorativ bearbeiteter Stützsäule.

Abgebildet im Juni 1982

Paarhof in der Ortschaft Oberlienz im Iseltal.
Wohnhaus in gemischter Bauweise, im gemauerten Bereich kunstvolle Malereien um Fenster und Türe, Holzaufbau mit Laube und Giebellaube. Eingang traufseitig zum Seitenflur. Wirtschaftsgebäude mit umlaufendem Söller und Gerüst zum Nachtrocknen des Erntegutes.

Abgebildet im Juni 1982

Villgratental / Osttirol

Bergbauernhöfe in den sonnigen Hängen beim Weiler Kalkstein im hintersten Villgratental. Links im Vordergrund ist die typische Osttiroler Trockenharpfe zu erkennen, auf der das Heu getrocknet wird. Früher wurden auf diesen Harpfen auch Getreidegarben zum Nachreifen aufgehängt.

Abgebildet im Juni 1982

Defereggental / Osttirol

Einhof mit Nebengebäuden bei der Ortschaft St. Jakob im Defereggental. Bauernhof in Holzbauweise mit Mittelflur, zwei umlaufenden Lauben und teilweise verschalter Giebellaube. Die Brüstungen ohne Zierelemente sind einfach gestaltet. Das ebenfalls in Holz ausgeführte Nebengebäude dient als Wagenremise sowie Speicher.

Abgebildet im Juni 1982

Villgratental / Osttirol

Wasserbetriebene Lodenstampfe im Stallertal unweit der Ortschaft Innervillgraten.
An der linken Traufseite kann man ein mächtiges, unterschlächtiges Wasserrad aus Holz erkennen, das von dem harmlos aussehenden Bächlein angetrieben wird und über einen stattlichen Wellenbaum die Stampfe (Bild unten) im Innern des Gebäudes betätigt. Im Hintergrund noch erkennbar ist eine Venezianersäge mit Wasserrädern, die vom gleichen Bächlein angetrieben werden.
Oberes Bild: Über dem mächtigen Trog aus Lärchenholz, in dem die Schafwolle gestampft wird, sind die schweren, ebenfalls aus Lärchenholz gefertigten Stampfelemente zu sehen. Sie werden vom Wellenbaum, der vom Wasserrad angetrieben wird, gehoben und fallen dann durch das Eigengewicht stampfend auf die nasse Lodenmasse im Trog. Das für den Loden benötigte Warmwasser wird in dem Kupferkessel (links im Bild) zubereitet.

Abgebildet im Juni 1982

Villgratental / Osttirol

Der Weiler Kalkstein (1641 m) im hintersten Villgratental.
Einhöfe in gemischter Bauweise mit umlaufenden Balkonen, Schindeldächern und außen liegenden Abortanlagen.
Abgebildet Juni 1982

Villgratental / Osttirol

Paarhöfe bei der Ortschaft Kalkstein am Ende des Villgratentales. Rechts im Bild ein Mittelflurhof in gemischter Bauweise mit Laubengang zum Mittelflureingang. Darüber beachtliche Laube mit aufwändig gestalteter Brüstung und im Giebel verschalte Giebellaube. Gebäude links mit umlaufendem Laubengang, Laube an der Giebelfront und Giebellaube darüber.

Abgebildet im Juli 1986

Lesachtal / Osttirol

Alter Bauernhof in den sonnigen Wiesen im Lesachtal, Osttirol. Gemischte Bauweise in kompakter gedrungener Form, die das Bestreben zum Ausdruck bringt, mit dem wertvollen Kulturgrund möglichst sparsam umzugehen.

Abgebildet im Juni 1982

Isel- und Lesachtal / Osttirol

Asten bei der Schildalpe im Iseltal.
Seitenflurbauwerke in Holzblockbauweise mit einfach gestalteter Brüstung an den umlaufenden Laubengängen und schindelgedeckten Satteldächern, die teilweise durch Bruchsteine beschwert sind. Die behauenen Balken sind doppelt verschränkt. Die Firstpfette und zwei Seitenpfetten tragen die Sparren des weit vorkragenden Daches, das auch die Laubengänge überdeckt.
Abgebildet im Sommer 1982

Paarhof, erbaut 1876, vorwiegend in Holzbauweise, bei der Ortschaft Kartitsch im Lesachtal.
Der Hauseingang und die alte ungewöhnliche Rauchküche sind massiv gemauert, der übrige Aufbau aus Holzblöcken weist eine über zwei Seiten laufende Laube mit Stützsäulen auf. Giebelbereich vorgezogen und verschalt. Satteldach mit Schindeleindeckung und Bruchsteinbeschwerung.
Abgebildet im August 1984

Kalser Tal / Osttirol

Grandioser Einhof, vorwiegend in Holzbauweise, in der Ortschaft Arnig bei Kals im Kalser Tal mit der Kulisse des Großglockners im Hintergrund.
Abgebildet im Juli 1986

Antholzer Tal / Südtirol

Antholzer Tal / Südtirol

Malerisch gelegener Einhof in gemauerter Bauausführung in Antholz.
Laube an der Traufseite des Wohn- und Wirtschaftsgebäudes. Typisch für das Antholzer Tal – ein Seitental des Pustertals – ist das Schopfwalmdach mit silbergrau verwitterter Schindeleindeckung.

Abgebildet im Juni 1985

Paarhof in Antholz.
Das Wohngebäude ist in gemischter Bauweise und das Wirtschaftsgebäude in Holzblock- und Ständerbauweise errichtet. Wohngebäude mit Laube im Holzaufbau. Am Wirtschaftsgebäude Gerüst zum Nachtrocknen von Feldfrüchten. Das mit Schindeln gedeckte Schopfwalmdach und die vorgezogenen Giebelverschalungen sind typisch für das Antholzer Tal. Im Vordergrund ist der zum Hof gehörige Bauerngarten zu erkennen.

Abgebildet im Juni 1985

Ahrntal / Südtirol

Der Mairegghof in den sonnigen Blumenwiesen oberhalb der Ortschaft St. Johann im Ahrntal. Prachtvoller gotischer Berghof in gemischter Bauweise mit Spitzbogenportalen beiderseits der durchgehenden Laube, Glockenturm am First und besonders sehenswerter gotischer Stube im vorgezogenen gemauerten Wohnbereich an der Talseite.
Im Holzaufbau des Obergeschoßes umlaufender Laubengang, Giebellaube und stabile Lawinenschutzmauer bergseitig.

Abgebildet im Juli 1985

Bauer des Feuchterhofes beim Hereinbringen des Heus hoch über der Ortschaft Luttach im Ahrntal. Das kostbare Heu der Heimwiesen wird auf einem Schlitten von einem Pferd zum Wirtschaftsgebäude des Hofes gebracht. Über dem Ahrntal öffnet sich die großartige Bergwelt der Zillertaler Alpen.

Abgebildet 25. 7. 1985

Gsieser, Tauferer und Ahrntal / Südtirol

Bergbauernhof in gemischter Bauweise in St. Magdalena im Gsieser Tal.
Der Seitenflurhof zeigt die für das Gsieser Tal typische Bauform. Mauerwerk und Holzaufbau sind in gelungener Komposition zusammengefügt. Obergeschoß mit umlaufender Laube, Laubensäulen, Trockenstangen und Giebellaube.

Abgebildet im August 1986

Uriger Bergbauernhof in der Ortschaft Rain, im Raintal, einem Seitental des Tauferer Tales.
Altes Gehöft von außergewöhnlicher Form in gemischter Bauweise. Während der vordere Teil einen giebelseitigen Eingang und eine Giebellaube aufweist, ist der hintere Teil mit traufseitigem Eingang und einfacher Laube ausgestattet. Das abgestufte Dach ist schindelgedeckt und mit Bruchsteinen beschwert.

Abgebildet im September 1986

Der exponiert gelegene Feuchterhof aus dem 17. Jahrhundert, auf 1365 Meter hoch über der Ortschaft Luttach im Ahrntal gelegen. Das Wohngebäude des Paarhofes ist in gemischter Bauweise ausgeführt, mit Legschindeldach, Steinbeschwerung und gebietstypischem Glockenturm am First. Im Hintergrund die grandiose Kulisse der Zillertaler Alpen.

Abgebildet im Juli 1985

Tauferer Tal / Südtirol

Der Bauer des Rieplechnerhofes beim Getreidemahlen an seiner wasserbetriebenen Mühle im Wirtschaftsgebäude seines Hofes. Die Mühle ist selbst gebaut, das Mahlwerk, die Zufuhr-Rütteleinrichtung und die Siebe werden über eine Hochdruckturbine angetrieben.

Abgebildet im Juli 1985

Tauferer Tal / Südtirol

Der Rieplechnerhof in Pojen, auf 1200 Meter Höhe hoch über der Ortschaft Sand in Taufers gelegen.

Dieser Paarhof wurde in gemischter Bauweise inmitten der hoch gelegenen Wiesen errichtet. Das Anwesen ist auf Selbstversorgung ausgerichtet, mit außen liegendem Backofen, wasserbetriebener Getreidemühle (siehe linkes Bild), gut ausgestatteten Machkammern im Wirtschaftsgebäude. Alle Grundnahrungsmittel werden vor Ort erwirtschaftet, sodass der Zukauf auf ein Minimum beschränkt bleibt.

Abgebildet im Juli 1985

Mühlwalder Tal / Südtirol

Wasserbetriebene Getreidemühle bei der Ortschaft Lappach der Gemeinde Mühlwald im Mühlwalder Tal, einem Seitental des Tauferer Tals.

Durch das entsprechende Gefälle reichen schon kleine Wassermengen zum Antrieb der Mühlenanlage mit den beiden oberschlächtigen Wasserrädern, die mehreren Bauern aus der Umgebung zur Verfügung steht. Meistens sind Getreidemühlen wie diese einräumige, in Block- oder Ständerbauweise errichtete Holzbauwerke. Die Wasserkraft wird vom Wasserrad über den Wellenbaum und das einfache Getriebe auf den drehbaren Mühlstein übertragen.

Das unten stehende Bild gewährt einen Blick in das Innere der wasserbetriebenen Getreidemühle.

Abgebildet im Oktober 1984

Ahrntal / Südtirol

Spitzenklöpplerin vor der Haustüre ihres Bauernhofes im hinteren Ahrntal.
Dieses traditionsreiche Kunsthandwerk ermöglicht den Bäuerinnen einen willkommenen Zuerwerb. Die Bäuerin trägt die für verheiratete Frauen gebietsübliche Haartracht.
Abgebildet im Oktober 1984

Gotischer Bauernhof in gemauerter Massivbauweise aus dem Jahr 1643, in St. Peter im Ahrntal. Mittelflurhof mit giebelseitiger Rundbogentüre und Laube über zwei Seiten im Holzaufbau. Satteldach mit Schindeleindeckung und Bruchsteinbeschwerung. Die Fenster sind asymmetrisch gesetzt.
Abgebildet im September 1985

Mühlwalder Tal / Südtirol

Postenscheune auf Stelzen mit Mauswehr, beim Wassermannhof in Innermühlwald, Mühlwalder Tal, einem Seitental des Tauferer Tals. Diese Speicher für Getreide und andere Grundnahrungsmittel stehen immer in gewisser Distanz zum Bauernhof, um im Falle eines Brandes wenigstens die wichtigsten Lebensmittel zur Verfügung zu haben. Die vier Stelzen sind nach oben hin verjüngt und gehen in eine horizontal eingeschnittene Halterung für die Tragbalken über. Am Übergang der Verjüngung sollen in den horizontalen Vorsprüngen die Mäuse abgewehrt werden.

Abgebildet im Juli 1985

Pustertal / Südtirol

Spaltenzaun mit Flechtwerk zur Abgrenzung des Bauerngartens vor dem Bauernhof, aufgenommen im Volkskundemuseum Dietenheim bei Bruneck im Pustertal.
Die für das die Zaunlatten verbindende Flechtwerk benötigten Fichtenzweige werden im Feuer gebäht und so geschmeidig gemacht.

Abgebildet im Sommer 1991

Ahrn- und Ultental / Südtirol

Blick in die Ofenecke einer Bauernstube, die gänzlich holzgetäfelt ist. Gemauerter Kachelofen mit Liegestätte darüber und bequemer Ofenbank davor. An einer der Kassetten an der Decke über dem Ofen Öffnung mit Schieber, durch die warme Luft in den Schlafraum des Obergeschoßes geleitet werden kann.

Abgebildet im September 1988

Blick in die holzgetäfelte Stube des Mandelhofes oberhalb der Ortschaft St. Nikolaus im Ultental.
Der Herrgottswinkel befindet sich diagonal gegenüber dem gemauerten Kachelofen, der zentralen Wärmequelle im Haus.

Abgebildet im Juni 1985

Gotische Bauernstube im Mairegghof bei St. Johann im Ahrntal.

Weiß getünchter Kachelofen mit Liegebrücke, profilierter Stützsäule und Ofenbank. Besondere Aufmerksamkeit verdient die gewölbte Bohlenbalkendecke mit den ornamental beschnitzten Balken. Charakteristische Merkmale der Wohnbauwerke aus der gotischen Epoche sind die in Block- oder Ständerbauweise erstellten Stubengehäuse und die gewölbten Bohlenbalkendecken mit vielfach verzierten Balken.

Abgebildet im Oktober 1984

Besonders schön gestalteter Kachelofen mit Liegestätte darüber in einem Bauernhof der Ortschaft Altrei im Bozner Unterland, südlich des Fleimstales.

Abgebildet im Juni 1993

Gadertal / Südtirol

Fächerförmig angeordnete Höhensiedlung Frena (1561 m) in Enneberg, einem Seitental des Gadertales.
Am steilen Hangrücken ragen die typischen Paarhöfe in gemischter Bauweise auf. Die Bauwerke stehen beidseitig des Weges durch die Siedlung mit der Giebelseite zum Tal gerichtet. An den Holzaufbauten der Wohngebäude befinden sich Laubengänge und im Giebelbereich Solarien. Die Wirtschaftsbauwerke tragen Lauben mit Trockengerüsten zum Nachtrocknen der Erntegüter (siehe auch Abb. rechts unten). Die Kulturflächen oberhalb und unterhalb von Frena vermitteln einen Eindruck der Steilheit und Schwierigkeit der bergbäuerlichen Arbeit.
Abgebildet im Oktober 1988

Gadertal / Südtirol

Fenster an einem Bauernhof aus gotischer Zeit in der Siedlung Rü der Ortschaft Wengen, hoch über dem Gadertal. In der Laibung das Zeichen der Blume, ein Symbol des Lebensrades.

Abgebildet im Oktober 1988

Gadertal / Südtirol

Gadertal / Südtirol

Am steilen Sonnenhang nordöstlich oberhalb der Ortschaft St. Leonhard aufragende Bergbauernhöfe aus romanischer Zeit. Diese Paarhöfe zeigen die Urform des Gadertaler Berghofes: Vorkragende Holzkonstruktion auf relativ kleinem, hangausgleichendem Fundament, das aus Bruchsteinen aufgemauert wurde. Wirtschaftsgebäude in Holzausführung links daneben, mit Lattengerüst zum Nachtrocknen von Erntegut. Im Hintergrund die steilen Dolomitwände der Heiligkreuzkofelgruppe.

Abgebildet im September 1987

Gadertal / Südtirol

Bauern bei der Getreideernte vor der Bergsiedlung Seres in Campill, einer Ortschaft der Gemeinde St. Martin in Thurn.
Die Bergbauernhöfe sind in der typischen Pilzform errichtet, mit hangausgleichendem gemauerten Fundament, vorkragendem Holzaufbau mit Solarium und schindelgedecktem Schopfwalmdach. Die Siedlung liegt auf 1568 Meter Höhe an einem nach Süden gerichteten Hang, dessen sonnige Lage den Bewohnern trotz der Höhe den Getreideanbau ermöglicht. Die gemeinsam zu benutzenden Einrichtungen wie Brunnen, Backofen und Trockenharpfen wurden am „Platz" im Zentrum der Bauwerke errichtet.

Abgebildet im Sommer 1986

Abtei / Südtirol

Wohngebäude des Paarhofes „Plazza" in den steilen Wiesenhängen bei der Ortschaft Corvara in Abtei. Durch die weit auskragende Holzkonstruktion ist die gebietsübliche Pilzform des Bauwerks klar erkennbar.
Abgebildet im September 1987

Holztreppenaufgang zur Vorlaube und zum Eingang in das Wohngebäude eines Paarhofes in der Ortschaft Kolfuschg an der Straße zum Grödner Joch.
Am rustikal verputzten Mauerwerk das so genannte Pestkreuz mit zwei Assistenzfiguren.
Abgebildet im August 1982

Grödental / Südtirol

Paarhof Pezza, urkundlich bereits 1277 erwähnt, eingebettet in eine fruchtbare Hangmulde in den Hängen oberhalb der Ortschaft St. Jakob ober St. Ulrich im Grödental.
Einer der ältesten und kostbarsten Urhöfe im Grödental, in gemischter Bauweise mit offener Vorlaube, außen liegendem Erkerbackofen, hangseitig angeordneter schwarzer Küche sowie Stube und Kammern im talseitig vorspringenden Holzaufbau.

Abgebildet im Juni 1985

Grödental / Südtirol

Bergbauernhöfe am extremen Steilhang hoch über der Ortschaft St. Christina im Grödental.
Unten: Das extrem auskragende Wohngebäude eines Paarhofes am Fuß der Geislergruppe.
Abgebildet im Juli 1980

Gadertal / Südtirol

Oben: Die schlichte Schlafkammer eines Bergbauernhofes, hoch über dem Gadertal.
Abgebildet im Juni 1992

Unten: Aus Holzbalken gezimmerte Stube in einem Bergbauernhof hoch über dem Grödental.
Abgebildet im Juli 1980

Im Bohlenständerbau errichtete Stube eines Bergbauernhofes in den sonnigen Hängen von Abtei. In der Ecke der rustikalen Stube befinden sich eine kostbare Standuhr, eine bemalte alte Truhe, der Schüsselrahmen sowie zahlreiche Ziergegenstände.
Abgebildet im Juni 1992

Grödental / Südtirol

Schlichte Grödner Stube mit romanischer Bohlenbalkendecke in einem gänzlich aus Holz erstellten Anwesen.
Abgebildet im Juni 1986

Rechts oben: Außergewöhnlich an der Stubenaußenwand des Urhofes Pezza oberhalb St. Jakob im Grödental ist, dass in die Wand ausgefallene oder gezogene Zähne der früheren Hausbewohner entweder direkt in das Holz der Balken oder in die kleineren Spalten dazwischen eingeschlagen wurden. Wie den Informationen der heutigen Bewohner zu entnehmen ist, beruht dieser Brauch auf einem Aberglauben, dem zufolge die Zähne am Tage des Jüngsten Gerichtes beisammen und damit leichter zu finden sein sollen.

Rechts Mitte: Brotrechen zum Lagern der würzigen Bauernbrote.

Rechts unten: Brotgrammel zum Zerkleinern der Brote.
Alle abgebildet im Juni und Juli 1985

Kastelruther Hochland / Südtirol

In der Küche des gotischen Berghofes Lafogl auf dem Kastelruther Hochland sind noch Reste der ursprünglich schwarzen Küche zu erkennen.

Die Labe, wie der als Sitzplatz umfunktionierte Hausflur in verschiedenen Gebieten Südtirols bezeichnet wird, dient als zusätzlicher Essplatz in der warmen Jahreszeit.

Abgebildet im September 1986

Kastelruther Hochland / Südtirol

Paarhof in gemischter Bauweise am Berghang oberhalb der Ortschaft Seis am Schlern.
Massiv gemauertes Wohngebäude mit Freskenmalerei an der Giebelfassade. Wirtschaftsgebäude in Holzbauweise mit umlaufendem Söller und Lattengerüst zum Nachtrocknen von Erntegut. Schopfwalmdach mit Schindeleindeckung beim Wirtschaftsgebäude und Satteldach beim Wohnhaus.

Abgebildet im Juli 1984

Villnößtal / Südtirol

Der Niedermunt-Paarhof in den sonnigen Wiesenhängen des hinteren Villnößtales.
Das Gehöfte-Ensemble wurde in gemischter Bauweise dicht beieinander am Steilhang errichtet. Der alte außen stehende Backofen und die Wirtschaftsgebäude mit der bemerkenswerten Gliederung verschiedener Bauelemente bilden eine besondere Bereicherung der alten Bausubstanz. Mehrere saubere Bretter, die zur Auflage der zu backenden Brote dienen, sind am Zaun vor dem Eingang zum Trocknen gelagert.
Abgebildet im Juli 1985

Bäuerliches Kleinbauwerk in Holzbauweise bei der Ortschaft St. Magdalena im hinteren Villnößtal. Nebengebäude wie Kornspeicher, Brechelstuben, Mühlen und Backöfen wurden immer etwas abseits von den Hauptgebäuden in der dem Verwendungszweck entsprechenden Bauform errichtet.
Erst später, als der ursprüngliche Verwendungszweck nicht mehr gegeben war, wurden solche Kleinbauwerke geringfügig umgebaut und umfunktioniert.
Abgebildet im Juli 1985

Jenesien / Südtirol

Strohgedecktes Wirtschaftsgebäude des Egger-Paarhofes bei der Ortschaft Jenesien auf der Sonnenterrasse hoch über Bozen. Schopfwalmdach mit Stroheindeckung auf dem holzgezimmerten Wirtschaftsgebäude mit Auffahrrampe zum Heuboden. Obwohl in Südtirol vereinzelt noch strohgedeckte bäuerliche Bauwerke vorhanden sind, zählt dieser Hof zu den Raritäten der Bauernhofkultur.

Abgebildet im September 1985

Sarntal / Südtirol

Der Streiterhof aus dem 17. Jahrhundert bei der Ortschaft Weißenbach im Sarntal.

Einer der ältesten und schönsten Paarhöfe in der traditionellen Bauform des Sarntales, mit Wohngebäude in gemischter und Wirtschaftsgebäude in Holzbauweise. Wohnhaus mit Treppenaufgang zum Mittelflur und umlaufende Laube mit zierlicher Brüstung am Holzaufbau. Hinter dem blumengeschmückten Bauwerk ist der außen stehende Backofen mit geschindeltem Satteldach und links im Bild der umzäunte Bauerngarten zu erkennen.

Abgebildet im September 1985

Sarntal / Südtirol

Der Heisshof, seit 1421 urkundlich erwähnter Stammsitz in Muls bei der Ortschaft Weißenbach im oberen Sarntal.
Auf dem ausgedehnten Hofareal scharen sich um das Wohngebäude ein außen liegender Backofen, das Bienenhaus, Wagenremisen und ein mächtiges Wirtschaftsgebäude. Eine Besonderheit stellt die als Erker angefügte Hauskapelle an der Giebelfront dar, die von der beheizbaren Stubenkammer aus zugänglich ist.

Abgebildet im August 1992

Sarntal / Südtirol

Das kleine Bild ermöglicht den Blick durch die geöffnete Türe in die Erkerkapelle. Auch der Kammerbereich in Stabbauweise und die großartige Stube aus der gotischen Epoche (Bild rechts) zählen zu den außergewöhnlichen Schätzen dieses Hofes.

Der Kachelofen ist mit einer hölzernen Liegebrücke umbaut. Eine eigenwillig geformte Holztüre führt von dieser wertvollen Stube zur Labe (Bild oben). Die Türe weist oben eine Bekrönung auf, hat ein Guckloch in Augenhöhe und ein handgeschmiedetes Türschloss sowie ebensolche Beschläge. Das Guckloch ist auch an der Außenseite dieser alten Türe in Kielbogenform deutlich zu sehen.

Abgebildet im August 1992

Ultental / Südtirol

Der Lenzhof, erbaut 1855, bei den Pilsenhöfen. Das Wohngebäude des Paarhofes ist aus Holz errichtet, nur im Bereich der Küche und am außen liegenden Erkerbackofen ist Mauerwerk zu erkennen.
Abgebildet im Juni 1985

Die Pilsenhöfe am Hangrücken über dem Talschluss des Ultentales, in 1675 Meter Höhe gelegen. Diese Paarhöfe wurden etagenartig auf dem vor Lawinen sicheren Bergvorsprung errichtet.
Abgebildet im Juni 1985

Blick in die Rauchküche des Lenzhofes. Neben dem griffbereit angeordneten Hausrat befindet sich über dem Rückentragekorb die Feueröffnung, die auch gleichzeitig als Rauchabzug für den Stubenofen dient. Im Rauch wird auch das Fleisch an der Küchendecke geselcht, bevor er über das Dach abgeleitet wird.
Abgebildet im Juni 1985

Ultental / Südtirol

Ultental / Südtirol

Klein, aber oho, so könnte man die gemütliche Stube des außergewöhnlichen Bauerngehöftes „Häusl am Stoan" bezeichnen. Im Bild die Bäuerin am Spinnrad vor dem Kachelofen.

Abgebildet im Juli 1986

Ultental / Südtirol

„Häusl am Stoan" bei der Ortschaft St. Pankraz im Ultental.
Auf einem gewaltigen, vom Gletscher abgeschliffenen Felsblock errichtetes Wohngebäude eines Paarhofes in gemischter Bauweise. Während das Wirtschaftsgebäude etwas höher am Hang in normaler Größe erstellt wurde, ist das komplette Wohngebäude merklich kleiner gehalten.

Abgebildet im Juli 1986

Ultental / Südtirol

Der überdachte Brunnen bei den Pilsenhöfen am Talende des Ultentales.
Solange in den Wohngebäuden noch kein Fließwasser vorhanden ist, benützen die Bewohner der Höfe diesen Brunnen zur Versorgung mit Frischwasser, zur Reinigung von Hausrat und zur Kühlung der Milch. Die Überdachung schützt vor grober Verschmutzung und allzu viel Schnee im Winter.

Abgebildet im Juni 1985

Ultental / Südtirol

Bergsiedlung Buchen (1171 m), ein Weiler, der zur Gemeinde St. Pankraz im Ultental gehört.
Im Wohngebäude des linken Paarhofes war zum Zeitpunkt der Aufnahme noch eine offene Feuerstelle vorhanden.
Abgebildet im Juli 1986

Die Altbäuerin des Muchhofes beim Handarbeiten vor dem Wirtschaftsgebäude an einem der Pilsenhöfe am Talende des Ultentales.
Abgebildet im Juni 1985

Schnalstal / Südtirol

Prachtvolles Höfeensemble am sonnigen Berghang oberhalb der Ortschaft Unser Frau im Schnalstal.
Die Holzblockbauwerke wurden auf relativ kleinen gemauerten Fundamenten, die auch dem Hangausgleich dienen, errichtet. Eine umlaufende Laube mit Stützsäulen und Laubengänge an den Holzaufbauten beherrschen die Giebelfronten. Die Brüstungen sind einfach gestaltet und durch Blumen geschmückt. Das Wirtschaftsgebäude rechts im Bild steht auf gediegenem Trockenmauerwerk. Alle Baulichkeiten tragen Schindeleindeckungen mit Bruchsteinbeschwerung.
Rechts: Seitenflurhaus mit traufenseitigem Eingang zum Küchenflur. Anstelle einer Laube ist eine überdachte Loggia ausgespart und die wenigen Stützsäulen profiliert.

Abgebildet im September 1984

Schnalstal / Südtirol

Schnalstal / Südtirol

Bergbauernhöfe Außerhüttn am Steilhang zu Beginn des Talkessels, in dem die Ortschaft Unser Frau im Schnalstal liegt.

Die schwarze Küche des vorderen Bergbauernhofes wird bergseitig von einer Felswand begrenzt. Es sind nur wenige Möbelstücke vorhanden, die Töpfe und Pfannen hängen griffbereit an der Wand. Trotz aller Einfachheit haben Doppelwaschbecken und die Waschmaschine bereits Einzug gehalten.

Abgebildet im September 1984

Schnalstal / Südtirol

Der Innerkoflerhof auf etwa 1900 Meter Höhe in der Streusiedlung Kurzras im hintersten Schnalstal. Zusammengebauter Paarhof in Holzblockbauweise auf hangausgleichendem Fundament aus Bruchsteinen. Die Satteldächer der Wohn- und Wirtschaftsgebäude sind schindelgedeckt und haben einen Laubengang.

Abgebildet im August 1986

Schnalstal / Südtirol

Der Marchegghof aus dem 15. Jahrhundert, auf 1900 Meter Höhe bei Kurzras im hinteren Schnalstal gelegen.
Hofanlage in gemischter Bauweise mit Wohngebäude für zwei eigenständige Familien, dahinter Wirtschaftsgebäude, Pfostenspeicher, Mühle und frei stehender Backofen. Davor ein ausgedehnter Bauerngarten zur Versorgung mit lebenswichtigem Frischgemüse und Kräutern. Das hochwertige Futter für die Haustiere wird in den umgebenden Wiesen gewonnen.
Abgebildet im August 1986

Schnalstal / Südtirol

Die Finailhöfe in 1973 Meter Höhe auf sonnigem Hangvorsprung am Finailberg, hoch über dem Schnalstal.
Diese verwitterten Höfe zählen zu den höchstgelegenen Kornhöfen Tirols und sind durch einen Bannwald vor Lawinen geschützt. Im Vordergrund besonders schöner Christus am Kreuz, von Wetterschutz umgeben.

Abgebildet im September 1984

Martelltal / Südtirol

Wohngebäude eines Paarhofes in gemischter Bauweise im Weiler Gruben der Ortschaft Martell im Martelltal, einem Seitental des Etschtales.
Eingang zum Mittelflur über Holztreppe an der Giebelfront. Im Holzaufbau Laube mit zierlich gestalteter Brüstung, Satteldach mit Schindeleindeckung und Bruchsteinbeschwerung.

Abgebildet im August 1983

Bergbauernhof in gemischter Bauweise der Höhensiedlung Forra (Forra-Stadtl genannt), in etwa 1700 Meter Höhe, erreichbar über St. Martin am Kofel.
In der am Steilhang unterhalb eines Bannwaldes gelegenen Dauersiedlung sind die Verbindungspfade zwischen den einfachen Gebäuden mit Steinplatten belegt und durch Lattenzäune begrenzt. Die Wiesen dieses ausgesprochenen Trockenhanges sind nur durch Bewässerung nutzbar. Gemüse gedeiht hier nur spärlich und Obst überhaupt nicht.

Abgebildet im August 1983

Vinschgau / Südtirol

Bergbauernhof Pardatsch-Oberhaus bei St. Martin am Kofel, Gemeinde Latsch.

Das Gehöft weist eine elementare Holzkonstruktion auf einem Fundament aus Trockenmauerwerk auf. Die Eindeckung erfolgte mit Wellblech und teilweise mit Holzschindeln. Die extreme Höhenlage und der sehr einfach gestaltete Hof lässt die erschwerten Lebensbedingungen erahnen.

Im unteren Bild ist der Eingangsbereich des etwa 300 Jahre alten Bergbauernhofes zu sehen.

An der überdachten Außenwand sind Schutzbekleidung, Werkzeuge und Hausrat griffbereit angeordnet.

Abgebildet im August 1983

Vinschgau / Südtirol

Wohnbauwerk in gemauerter Bauweise in der Ortschaft Burgeis im oberen Vinschgau.
Die Hauslandschaft der Talsiedlung weist zahlreiche Bauwerke aus der rätoromanischen bzw. aus der Übergangsphase zur gotischen Bauzeit auf. An diesen Baulichkeiten sind die geschmackvollen architektonischen Gliederungen der Baukörper besonders hervorzuheben. Eine Eigenart bilden die erstaunlich geformten Rundbogentore mit den Gehtürchen und verschiedenartig gemauerte Freitreppen (siehe Abb. rechts).
Abgebildet im September 1988

Vinschgau / Südtirol

Oben: Außen liegender Erkerbackofen an einem gemauerten Bauernhof in der Ortschaft Matsch im Matscher Tal, einem Seitental des oberen Vinschgaus, der von der Küche aus bedient wird.

Abgebildet im Juni 1986

Schnalstal / Südtirol

Vinschgau / Südtirol

Links: Berghof Vorderkaser (1676 m) im Pfossental, einem Seitental des Schnalstales.
Der Paarhof in gemischter Bauweise liegt am Sonnenhang einer Talerweiterung im mittleren Talbereich. Im Holzbereich der Wohngebäude finden sich Laubengang und Laube, davor ein Bauerngarten mit Kastenkreuz, das ein handgeschnitzter Christus ziert.

Abgebildet im August 1986

Bäuerliches Kleinbauwerk in gemischter Bauweise am Anfang der Bergsiedlung Schlinig im Schlinigtal, einem Seitental des oberen Vinschgaus. Vorbildlich renovierte und gepflegte Baulichkeit mit zwei oberschlächtigen Wasserrädern an der Traufseite, die über zwei getrennte Wellbäume die Kraft des Wassers auf die Transmission im Gebäude übertragen. Der übrige Wohnbereich des Bauwerks mit Balkon und Garten davor dient den Altbauern als Austragsdomizil.

Abgebildet im September 1988

Rojental / Südtirol

Die Dauersiedlung Rojen im hoch gelegenen Rojental ist ein Weiler in der Fraktion Reschen der Gemeinde Graun im obersten Vinschgau. Mit 1974 Meter Höhe ist er der höchstgelegene Weiler der Ostalpen! Bauernhöfe in gemischter Bauweise, die aus Schwaigen hervorgingen und urkundlich bereits 1296 erwähnt wurden. Neben den Holzkonstruktionen besonders auffallend die großflächigen Satteldächer mit silbergrau verwitterter Schindeleindeckung.

Abgebildet im Sommer 1991

Langtauferer Tal / Südtirol

Bergbauernhof aus dem 17. Jahrhundert bei der Siedlung Pedroß im Langtauferer Tal.
Paarhof mit gemauertem Wohngebäude und Wirtschaftsgebäude in Holzbauweise mit Schindeleindeckung. Aus Sorge vor Lawinen wurde der Hof auf dem weniger gefährdeten Hangvorsprung errichtet. Links im Vordergrund ein überdachter Trogbrunnen, der zur Kühlung der Milch und zum Tränken der Haustiere dient.
Abgebildet im Sommer 1991

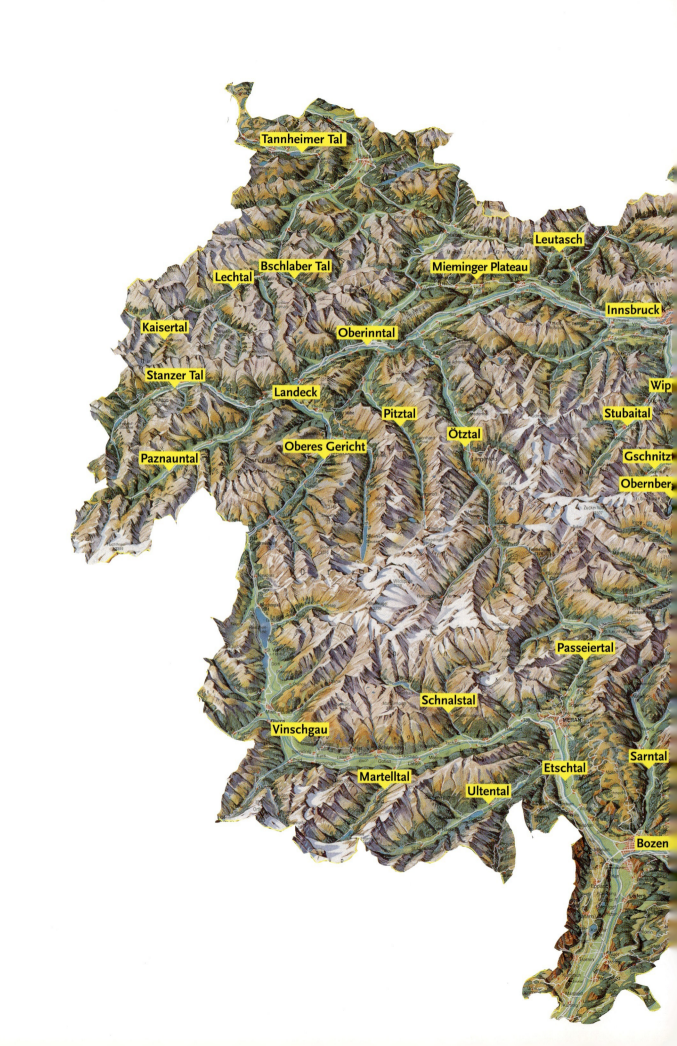

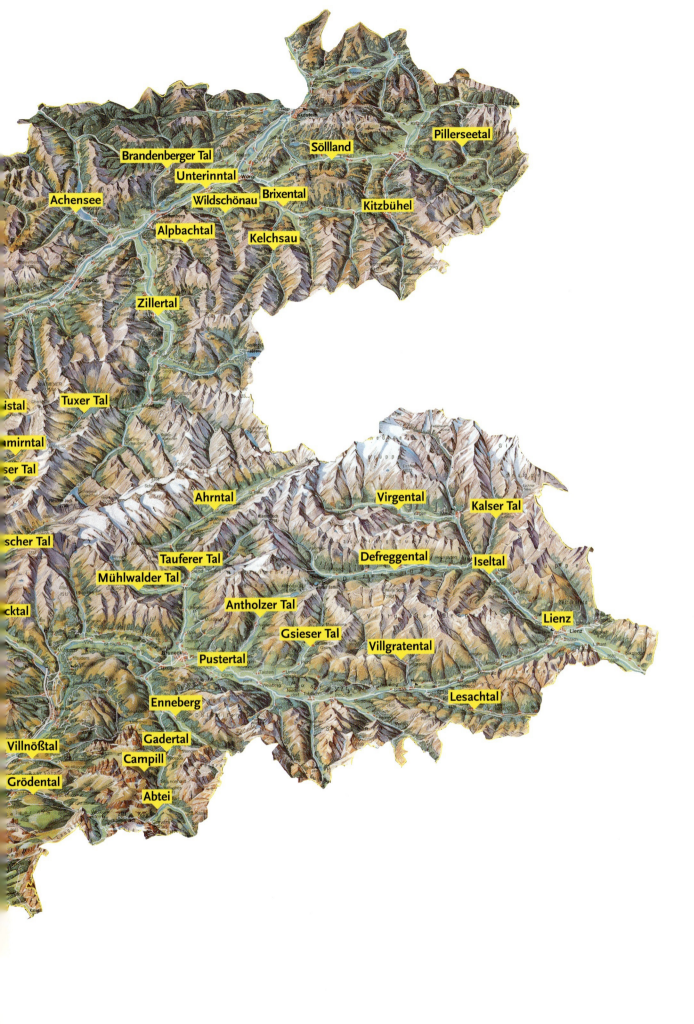

Bibliografische Information Der Deutschen Nationalbibliothek
Die Deutsche Nationalbibliothek verzeichnet diese Publikation in der
Deutschen Nationalbibliografie; detaillierte bibliografische Daten sind im Internet
unter http://dnb.d-nb.de abrufbar.

© 2007
Verlagsanstalt Tyrolia, Innsbruck
Umschlaggestaltung: Tyrolia-Verlag, Innsbruck
Alle Abbildungen und Zeichnungen von Alfred Pohler
Titelbild: Der Ebnerhof im Ortsteil Stangl bei Going am Wilden Kaiser
Satz und Layout: Studio HM, Hall in Tirol
Lithografie: DigiService, Innsbruck
Druck und Bindung: MKT-Print, Ljubljana

ISBN 978-7022-2880-4 (Tyrolia-Verlag)
E-Mail: buchverlag@tyrolia.at
Internet: www.tyrolia.at

ISBN 978-88-8266-185-4 (Athesia-Buchverlag)
E-Mail: buchverlag@athesia.it
Internet: www.athesiaverlag.it